STEMPFER
1956

ÉMILE MAUCHAMP
MÉDECIN DU GOUVERNEMENT FRANÇAIS A MARRAKECH

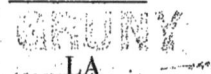

LA

SORCELLERIE
AU MAROC

ŒUVRE POSTHUME

Précédée d'une Étude documentaire sur l'auteur et l'œuvre

PAR

JULES BOIS

ET ACCOMPAGNÉE DE 17 ILLUSTRATIONS,
LA PLUPART D'APRÈS DES PHOTOGRAPHIES PRISES PAR L'AUTEUR.

DORBON-AINÉ
19, BOULEVARD HAUSSMANN, 19
PARIS

LA

SORCELLERIE AU MAROC

ÉMILE MAUCHAMP
MÉDECIN DU GOUVERNEMENT FRANÇAIS A MARRAKECH

LA

SORCELLERIE
AU MAROC

ŒUVRE POSTHUME

Précédée d'une Étude documentaire sur l'auteur et l'œuvre

PAR

JULES BOIS

ET ACCOMPAGNÉE DE 17 ILLUSTRATIONS,
LA PLUPART D'APRÈS DES PHOTOGRAPHIES PRISES PAR L'AUTEUR.

DORBON-AINÉ
19, BOULEVARD HAUSSMANN, 19
PARIS

Le Dr Émile Mauchamp

LETTRE DE M. P. MAUCHAMP

A

M. JULES BOIS

Cher Monsieur,

Après le crime de Marrakech, je recevais de la Légation de France un paquet de papiers, recueillis par les soins de quelques amis de mon infortuné fils, dans sa maison pillée. Ce ne fut pas sans une douloureuse émotion que j'ouvris ce paquet, qui contenait une quantité d'écrits et quelques photographies, le tout mis en lambeaux et horriblement souillé de sang et de boue : j'appris plus tard que les assassins pillards s'étaient entretués pour le partage du butin.

Avec les restes sanglants du martyr, c'est une partie de son âme que je recevais, quelque chose de son œuvre, pensant bien retrouver dans ces débris le manuscrit qu'il avait écrit sur la sorcellerie du Maroc, les notes auxquelles il avait consacré ses rares loisirs et qu'il avait à cœur de publier.

Cet amas de papiers déchiquetés, recouverts de son écriture serrée, m'apparaissait comme une sorte de codicille posthume à son testament, parce que connaissant son cœur de

Français, son ardent amour de la vérité, de la science et de l'humanité, je m'imagine que, sous le poignard de ses bourreaux inconscients, au moment suprême où son âme, s'échappant de ses lèvres, allait laisser son corps inerte, avec sa dernière pensée pour les siens, il demandait que son œuvre commencée, et qu'il scellait de son sang, ne pérît point.

Dans cette conviction, bien que sous l'obsession incessante de l'horrible vision, je m'imposai le pieux devoir de chercher, parmi ces lambeaux, ce qui pouvait intéresser la science, tout ce qui avait trait à la sorcellerie ; je trouvai des notes dont je rassemblai les débris ; et, ce travail de patience accompli, j'eus la conviction qu'après un arrangement dans la forme et une fois précédées de l'introduction (le seul chapitre auquel l'auteur a pu avant de mourir donner une forme littéraire), elles seraient, sauf quelques passages que les souillures rendaient illisibles, la traduction complète et surtout très exacte des révélations habilement arrachées non sans peine et sans danger aux talebs, aux sorciers marocains. Ces révélations contrôlent d'ailleurs pour la plupart les faits psychologiques et physiologiques recueillis par mon fils dans l'exercice de sa profession pendant son long séjour chez les peuples de l'Islam et dans l'étude desquels il était admirablement aidé par cet esprit d'observation du médecin, qu'il possédait si bien.

Il vous avait fait part de l'intention qu'il avait déjà, en quittant la Palestine, de publier ses observations sur la mentalité arabe ; il me l'a dit à son retour et j'ai retrouvé votre nom et des écrits de vous parmi les papiers recueillis à Marrakech.

Les notes rassemblées ont été classées et arrangées

méthodiquement avec beaucoup de soins par une main amie. Aussitôt après le long travail de la mise au point, je les ai copiées, et je vous les confie, cher Monsieur, vous considérant, par l'estime que mon fils avait pour vous, par la connaissance que vous aviez de ses projets et par votre haute compétence dans les sciences métaphysiques et occultes, mieux que tout autre qualifié pour présenter cet ouvrage qui fera connaître, dans l'intérêt de la science et de la civilisation, l'état d'âme du Marocain et les pratiques abominables, habilement entretenues par les talebs pour le soustraire à l'influence salutaire de l'instruction et des progrès scientifiques.

Ce sera une œuvre d'hygiène morale à accomplir quand seront connues les causes de la pourriture chez ces peuplades farouches du Maghreb, dangereuses dans le voisinage immédiat de notre grande colonie africaine et aux portes de l'Europe civilisée; il n'est que temps, peut-être le comprendra-t-on, de balayer ces turpitudes.

P. MAUCHAMP.

DISCOURS

Prononcé le 20 août sur la tombe d'Émile MAUCHAMP
à Chalon-sur-Saône
en présence de M. Stephen PICHON
Ministre de l'Instruction publique

Au moment où sur cette tombe est déposée une couronne, symbole du souvenir victorieux de la mort, les larmes viennent plus aisément aux yeux que les paroles. Émile Mauchamp, je ne saurai te dire, t'ayant connu et aimé, de ces phrases solennelles que l'on emploie pour ceux qui nous sont étrangers.

Tu as reçu le tribut que tu mérites, cet hommage de la France, de ta patrie, par l'éloquence d'un ministre éminent qui est l'honneur de notre République. Moi, je ne suis qu'un écrivain, mais qui croit qu'écrire c'est agir aussi, et qui voudrait faire, de la parole et du livre, une bonne, une utile action. Tu as été toi-même un écrivain et des meilleurs, de ceux qui font du style le vêtement de la vérité et de la parole un instrument de bienfaits; à ce titre, un de tes confrères, au nom de tous les autres, veut aujourd'hui te rendre cet hommage, et t'apporter une feuille du laurier invisible qu'on appelle la Gloire.

J'aurais voulu que fut choisi quelqu'un de plus digne; on ne pouvait pas en désigner un à qui tu fus plus cher. Nous nous sommes rencontrés la première fois hors de France, dans un de ces pays où il y a luttes d'influence, et où un bon Français est peut-être encore plus nécessaire à sa patrie que dans sa patrie même. C'était en Palestine, à Jérusalem. Nous y avons passé un mois ensemble, vivant pour ainsi dire d'une vie commune, qui m'a permis d'apprécier l'œuvre que, si jeune déjà, tu accomplissais avec tant de talent, de bonne humeur et de dévouement, sans te ménager et sans chercher à te faire valoir.

Tout de suite, tu m'as conquis, et en peu de jours tu es devenu un de ces amis qu'on peut ne pas revoir souvent avec les yeux du corps, mais qui sont présents dans notre cœur, qui y sont chez eux et que la mort elle même n'expulse pas. Je t'aimais encore parce que, de te connaître, s'accroissait mon orgueil national et que la France me paraissait meilleure et plus grande de t'avoir pour fils. En effet, tu incarnais les qualités primordiales de la race, par lesquelles on la reconnait entre toutes les autres et qui lui maintiennent cette suprématie qui ne lui vient plus du nombre, mais toujours de l'initiative et de l'esprit.

Tu n'étais pas de ceux que tente une vie somnolente et égoïste, tu portais en toi cette énergie particulière qui fait les savants, les apôtres, les pionniers du progrès. Ton cerveau, discipliné à nos méthodes intellectuelles, riche par l'héritage scientifique d'un glorieux passé, recevait de ton cœur l'afflux d'un sang généreux avide de transformer en actes immédiats les inspirations les plus belles. Médecin, tu ne songeais qu'à faire, par le don continu de ton savoir, de ton expérience, le réconfort des humbles, des malades et des malheureux. Ton zèle s'augmentait à la pensée que serait davantage admirée et chérie la France parce que tu te faisais aimer de ces foules étrangères, plus méfiantes d'être ignorantes, car l'ignorance est la source de toutes les fautes et de toutes les erreurs. Qui l'a su mieux que toi, toi qui la combattis sans cesse pendant toute ta vie, toi qui, à cause d'elle, par elle, es mort ?

Et tu livrais ces batailles pacifiques avec une grâce bien française. Le sourire bienveillant qui accompagnait tes conseils et tes remèdes leur donnaient plus d'efficacité et plus de prix. Tu avais apprivoisé là-bas en Palestine l'âme difficile et murée des Musulmans, comme, plus tard, tu devais, en plein Maroc encore sauvage, essayer de nous acquérir des multitudes, hélas ! encore trop fanatiques, momentanément hostiles à notre influence parce qu'elles n'en comprennent pas encore la douceur civilisatrice et que des ennemis cherchent sournoisement à travestir nos projets et à calomnier nos intentions.

Jamais tu ne fus pédant, dédaigneux, plein de morgue, comme ces adversaires, Européens pourtant, que nous rencontrons dans le Levant et dans l'Afrique, et qui sont pourtant nos voisins. Toujours tu fus simple, alerte, spirituel, bon et doux; et ces qualités n'empêchaient point que tu fusses énergique, patient, obstiné même, résolu et brave dans le danger. Ta mort, comme ta vie, est là devant nous pour nous le prouver.

Certainement il a compris ton âme et ses desseins profonds, le Ministre, qui a voulu que, pour te venger, — à part bien entendu les répressions nécessaires, — là même où tu fus massacré par une populace aveugle et trompée s'élevât un hôpital portant ton nom, un hôpital où tes successeurs, tes disciples, guériront selon tes méthodes les enfants de tes assassins. Et ceux-ci seront les premiers à te bénir et à remercier à cause de toi la France.

Car tu n'es pas mort pour nous, Émile Mauchamp. Il y a ceci d'admirable pour ceux qui, comme toi, ont fait de leur vie quelque chose qui dépasse leur personnalité, il y a ceci d'admirable, dis-je, que le meilleur d'eux-mêmes ne saurait mourir. Ton héroïsme, nous l'apprendrons à nos fils; et nos arrière-neveux le garderont précieusement dans leur mémoire comme une source intarissable d'énergie. Car une belle action est féconde; elle se perpétue, étant admirée au point d'être imitée.

Mais une autre façon de durer t'est réservée.

Ton père, qui t'avait légué cet héritage de courage et de vertus accumulés par les aïeux, va te donner une seconde vie en publiant un livre sur les superstitions du Maroc, sur la sorcellerie au Maroc : cette œuvre tu l'avais écrite pour te délasser en quelque sorte. Attrayant et utile labeur, elle est une arme pour combattre scientifiquement les ennemis du progrès et de la France.

Je tiens à honneur que M. Mauchamp père ait bien voulu me confier la délicate tâche de le seconder dans la modeste mesure qui me revient. En tout cas, il peut compter sur mon dévouement, qui ne lui fera jamais faute ; ainsi nous continuerons, autant qu'il nous sera possible, l'effort civilisateur de ce pacifique héros.

Je le répète, ce sera notre manière de le venger, la manière qu'il approuverait le plus si nous pouvions le consulter et s'il pouvait nous répondre. Les vrais grands hommes n'ont pas la même morale que les hommes médiocres et petits. Les rancunes personnelles n'existent pas à leurs yeux... Ou plutôt le mal qu'on leur a fait devient pour eux et pour ceux qui obéissent à leurs principes, l'occasion de réaliser plus de bien encore.

Émile Mauchamp, je sais que si tu m'entends tu m'approuves ; et je crois que tu m'entends et que tu nous vois. Donne-nous la force de penser à toi virilement, et, à travers nos larmes, d'apercevoir, pour la suivre de loin, la trace lumineuse que tu as laissée derrière toi.

JULES BOIS.

ÉMILE MAUCHAMP

ET

LA SORCELLERIE AU MAROC

I

Je me suis efforcé de répondre de mon mieux à la confiance que m'a témoignée M. P. Mauchamp. J'ai revu avec soin ces notes, que déjà des mains pieuses avaient rassemblées ; je leur ai prêté une allure moins improvisée, tout en conservant leur simplicité. Je crois que l'ensemble offre pour le public un intérêt très vif de lecture ; les explorateurs, les coloniaux, les savants, les psychologues et les lettrés se mettront d'accord pour reconnaître la haute valeur de tels documents. Les retouches apportées n'ont guère été que de style. Nous avons respecté non seulement les pensées de l'auteur, mais aussi généralement l'ordre selon lequel elles se déroulaient et son style franc et primesautier.

Ces pages sont émouvantes par le sujet qu'elles traitent et plus encore par le mérite de celui à qui nous les devons. Nous relaterons plus loin les circonstances tragiques qui entourent leur rédaction et la manière dont ces manuscrits ont pu être retrouvés.

Pour ma part, j'ai cru, en accomplissant ce devoir d'amitié, agir surtout en bon Français et faire acte de patriotisme humanitaire, car, en publiant ces documents, nous précisons les raisons d'intervenir là-bas. Les écuries d'Augias sont aujourd'hui à Marrakech, à Fez et un peu partout éparses dans ce beau pays, qu'il faut assainir de fond en comble. A cette tâche semble peu désigné tel autre peuple que ses superstitions, ses cruautés et sa paresse ont fait chasser d'autres colonies, devenues prospères depuis leur départ.

Les partisans d'une indépendance totale au Maroc, laissé à lui-même et se gouvernant par ses seuls moyens, sont très souvent les sincères dupes d'une illusion et d'une ignorance considérables. Ils supposent que le Maroc est plus ou moins au niveau intellectuel et moral des autres peuples civilisés ; et ils ne voient dans notre action là-bas qu'une opération financière et militaire.

Quelles que soient les intrusions d'intérêts particuliers dans cette entreprise, elle relève néanmoins des préoccupations de la conscience nationale et universelle. La lettre de M. Mauchamp père en tête de ce volume a raison de faire entendre cela ; et le double effort, scientifique et littéraire, de son fils en est la meilleure démonstration. La tâche de pénétration et de civilisation au

Maroc ne doit plus être désormais l'œuvre d'un parti, mais de tout Français qui pense à sa patrie et aux services que celle-ci n'a pas cessé de rendre à l'humanité. Je sais bien que des avantages matériels et moraux résulteront pour nous, — du moins je l'espère — de l'extension de notre influence en Afrique ; mais toute peine mérite salaire. Les Anglais, en Égypte et dans l'Inde, ont, eux aussi, travaillé dans l'intérêt des peuples qu'ils protégeaient, et légitimement ils en ont tiré bénéfice (1).

En août 1910, lors de l'inauguration du monument, élevé par la ville de Chalon en l'honneur de son illustre enfant, M. Pichon a déclaré que le sacrifice de personnalités aussi ardentes et dévouées était essentiellement fécond. En effet, la mort de Mauchamp nous a permis d'occuper Oudja et nous a fourni des droits nouveaux pour accomplir notre mission naturelle. La jalousie et la méfiance de certains peuples nous opposent ouvertement ou sourdement maintes difficultés, alors que notre loyauté est incontestable. Aussi parfois, par scrupule, eûmes-nous de l'hésitation, alors qu'il eut mieux valu ne pas tarder et agir avec vigueur. Que de reconnaissance la

---

(1) Je n'ai ni le temps, ni l'espace, ni surtout la prétention de convertir à ces idées les anticoloniaux irréductibles. Je dois me borner à expliquer le rôle joué par Émile Mauchamp et nos obligations immédiates envers le Maroc immoral, ignorant et dégénéré, telles qu'elles découlent des révélations apportées par ce livre.

France doit réserver à ceux de ses fils, qui, risquant leur vie comme des soldats, donnent à leur immolation un caractère tel, que, devant ce sacrifice magnanime et désintéressé, s'apaisent les mesquines et redoutables compétitions internationales.

Il faut admirer certes l'héroïsme du guerrier qui meurt dans une embuscade ou sur un champ de bataille; mais les esprits chagrins des autres pays ont une tendance, presque toujours injuste, à considérer qu'il a fait son métier tout simplement ou même qu'il est allé au delà des ordres reçus et qu'il fut provocateur. Il ne saurai être jugé de la sorte, celui qui tombe, pacifique, sans armes à la main, après avoir au contraire cherché à améliorer le sort de ceux qui le massacrèrent. Si l'existence d'un homme comme Mauchamp est précieuse, puisqu'elle propage au loin le bon renom de la France et qu'elle est en même temps l'honneur de toute l'humanité, sa mort, plus que toute autre, est utile à la grandeur de sa patrie et elle démontre la nécessité de la civilisation.

II

Il convient de chercher dans sa famille, comme dans les divers milieux où il a vécu, les origines du caractère et de la destinée d'Émile Mauchamp.

Son père appartient à cette classe des Français d'une haute culture intellectuelle, sachant traiter les affaires et ayant le goût de l'altruisme. M. P. Mauchamp, conseiller municipal, adjoint au maire de Chalon, conseiller de son département, enfin maire de sa ville, n'a jamais épargné son temps ni ses efforts pour les œuvres de mutualité, d'éducation populaire et de relèvement social.

Aidé de sa chère femme, aussi modeste que douce et bonne, il a fondé des sociétés d'instruction et de moralisation.

Cet homme de bien eut cruellement à souffrir dans ses enfants, qui cependant lui firent honneur. Il perdit une fille déjà mariée et son fils Émile, en pleine maturité, au moment où il en était le plus fier.

C'est l'an passé seulement que j'ai lié connaissance avec le père et la mère du héros de Marrakech ; j'ai mieux compris dès lors à quelle source d'intelligence, de bonté et de dévouement il avait puisé pour devenir un grand citoyen.

Quant au Dr Émile Mauchamp, je l'ai rencontré pour la première fois à Jérusalem. C'était en 1900-1901. Nous nous liâmes vite d'amitié fervente. Il possédait les qualités de cœur et d'esprit, qui créent les sympathies vives, profondes. Des sujets semblables nous intéressaient, nos natures s'alliaient spontanément : la sincérité de sentiments que ne fardait aucun apprêt mondain, l'expérience, acquise au contact d'autres races et à l'étude comparée de régions et de caractères différents, l'habitude de vivre seul et de compter d'abord sur soi même, l'amour de cette patrie qui, lointaine, paraît plus chère encore, la passion pour les belles-lettres et les arts, le culte de cette science dont il allait devenir un des maîtres, le même âge, nous rendirent vite inséparables.

Il n'était pas jusqu'à un commun penchant pour les voyages, qui ne devait nous lier plus étroitement.

Je demande qu'on me permette de faire une digression nécessaire pour expliquer cette disposition spéciale, qui passe auprès du vulgaire pour une fantaisie coûteuse ou une forme du caprice. On comprendra mieux l'âme et le destin de notre héros, lorsque nous aurons tracé une silhouette du vrai voyageur, du voyageur né.

Je sens trop moi-même, malgré mes efforts pour les dominer, ces instincts d'errance, pour ne pas les juger avec sympathie chez les autres. Comment en serait-il autrement d'ailleurs avec Émile Mauchamp, puisque ses admirables vagabondages ont laissé après eux des résultats historiques ?

Le voyageur a d'abord deux vertus particulières, il n'est pas, tout en servant son pays, l'esclave des minutes ambiantes; ensuite il possède une énergie qui l'empêche d'être inutile.

> Mais celui qui s'en va, s'allégeant des paresses,
> Des labeurs, des chagrins, des regrets, des caresses,

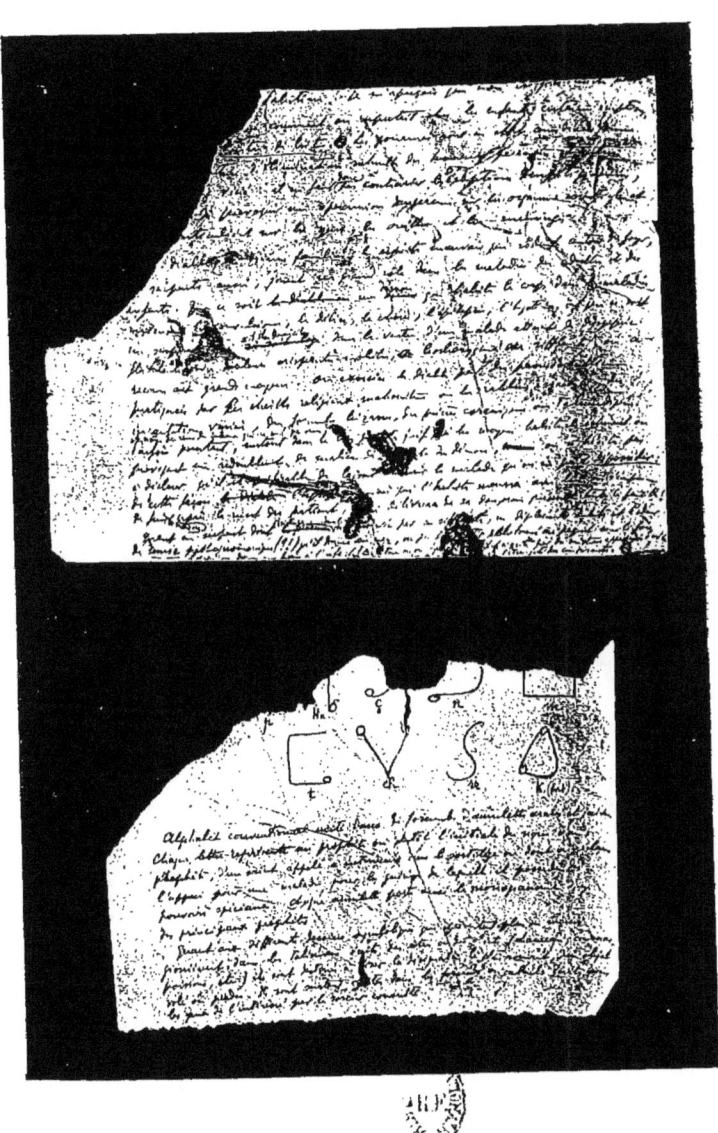

Fac-similé du manuscrit original (taché du sang de l'auteur)

Celui-là qui sait rompre un complexe lien,
Qu'aucun foyer ne garde et qu'aucun joug ne tient,
Celui-là, qui bravant le tumulte des gares,
Le fracas des hôtels et des quais frémissants,
Vit dans les paquebots et les wagons barbares
Et quittant ses amis, se lie à des passants,
Celui qui trouve aux yeux de la femme étrangère
Un peu de l'au-delà que jamais on n'atteint,
Et qui, sans redouter la tempête ou la guerre,
Provoque l'aventure et nargue le destin,
Celui-là qui n'a rien du loir ou du cloporte,
Et, sachant que le monde est un bienfait divin,
Veut que la mer le roule et que le sol l'emporte,
Celui-là ne naquit et ne meurt pas en vain... (1)

Telle est la marque à laquelle se reconnaissent certains tempéraments fraternels. Oui, il y a dans l'humanité une caste d'errants, de nomades, qui souffre de vivre à la même place et qui a besoin de parcourir le vaste monde pour y cueillir sa moisson d'idées et de faits, dont profiteront les autres, les sédentaires. Est-ce qu'en ces civilisés, en ces citadins, recommencerait l'impulsion qui entraîna les pasteurs des bibles dans la direction suivie par le soleil et qui prépara plus tard les immigrations, les invasions ? Pendant des siècles et des siècles, trop impétueux, trop jeunes sur la planète, trop inquiets aussi,

---

(1) *L'Humanité divine.*

les aïeux de nos aïeux, ignorant encore l'art de construire les villes, changeaient sans cesse la place de leurs repas et de leur sommeil.

Au contraire chaque race tend aujourd'hui à se fixer dans certaines frontières. L'équilibre des influences a créé des coalitions pour empêcher tel ou tel peuple, plus fort, mais isolé, de s'épanouir trop au loin. Aussi l'instinct d'errance s'est réfugié surtout en quelques individus, qui deviennent les pionniers du rayonnement national et les instigateurs de l'unité future du monde. On les nomme explorateurs, savants, missionnaires, soldats coloniaux.

Notre charmant ami était de ceux-là. Comme on l'a dit, il avait « cette répugnance à se contenter de ce qu'on a », cette soif du sacrifice « dont sont tourmentés les vaillants, les héros ». Il allait, sans la chercher, mais aussi sans la redouter, fatalement et librement, vers cette fin redoutable, qui guette peu ou prou tous ceux qui s'aventurent trop avant chez les peuples sauvages ou retombés dans la barbarie, peuples susceptibles par ignorance, irritables par paresse, cruels par fanatisme.

Faut-il l'en louer ? Certes, son exemple doit être offert aux jeunes Français. Le goût du risque commence à se perdre ; nous avons tellement peur des responsabilités et nous sommes tellement les partisans du « moindre effort » que nous ne faisons des enfants qu'avec une modération et une prudence funestes. Nous tendons à devenir un peuple de fonctionnaires et de retraités. Rien de plus déplorable.

Songez, — et nous aurons à y revenir tout à l'heure, que les Français de la Légation de Tanger se plaisaient à traiter de « bluffeur » et d' « arriviste » le jeune homme, en qui bouillonnait la sève de l'action nationale et que hantait le dévouement scientifique et humanitaire. Tandis que, lui, il se dirigeait de plus en plus vers le suprême péril, nos diplomates, jouaient au polo (1) à Tanger, au lieu de songer aux intérêts de la patrie, le jalousaient et le contrecarraient. Cependant l'araignée allemande tissait contre lui sa toile perfide dans l'ombre, au loin. Il s'en apercevait, la dénonçait ; notre légation n'en tenait aucun compte.

Ces Français officiels, au lieu de le soutenir, ne répondaient même pas à ses lettres. Ils lui supprimaient ou lui retardaient son traitement, se refusaient à payer l'indemnité d'un dispensaire rendant plus de services à la France qu'une armée de conquêtes, négligeaient l'autorisation de laisser parvenir des remèdes, ne daignaient même pas le protéger contre le vol de ses manuscrits et le pillage de ses bagages.

Depuis longtemps il aurait été assassiné, si son courage personnel ne l'avait pas à plusieurs reprises sauvé.

(1) Lettre d'Émile Mauchamp en date du 1er avril.

Les sorciers conspiraient sans cesse contre le savant. Le redouté Ma-el-Aïnin, cheik des *Hommes Bleus* (nommés ainsi à cause d'un pagne de cette couleur dont ils se ceignaient les reins) traversa Marrakech avec sa horde de pillards et s'y installa. Le lâche attentat de toute une foule contre notre ami, seul, avorta grâce à sa résistance, qui dispersa les agresseurs (1).

Grâce à un voyage en France, où il acquit la sympathie éclairée de M. Stéphen Pichon, sa situation allait s'améliorer. Malheureusement, pendant son absence, la ville de Marrakech avait été travaillée par les intrigues de l'Allemagne. M. de Rosen, alors ministre de ce pays, écrivait aux autorités marocaines que « la France, violant la foi des traités, allait installer la télégraphie dans tout le Maroc. Il les invitait à prendre des mesures pour entraver toute entreprise de ce genre ».

Le consul allemand Nier, à Marrakech, sur ordre reçu de son chef, avisa le pacha et lui conseilla de faire surveiller le retour d'Émile Mauchamp.

---

(1) « En pleine rue et en plein midi, les « hommes bleus » tirèrent sur le docteur. Celui-ci, ignorant la peur — et la menace ne le laissait que trop insensible — riposta à coups de revolver. Il « descendit » quelques-uns de ses agresseurs ; les autres prirent la fuite. O fatalité, si le matin du 19 mars 1907, notre vaillant docteur avait eu son revolver Browing, — c'est aussi l'avis de M. Louis Gentil — jamais ses féroces et lâches agresseurs n'auraient eu raison de son énergie. » (Henri Guillemin.)

El-Hadj-abd-es-Selam, déjà très antifrançais, se jura bien d'empêcher ce projet, que nous n'avions jamais eu, mais qu'il pouvait nous attribuer désormais sur la foi — ou plutôt la mauvaise foi — d'autres Européens. Pour un Arabe de Marrakech, la télégraphie sans fil est un instrument magique qui, grâce à des fluides attractifs agissant dans l'atmosphère peut, tout à coup, précipiter sur la cité une armée entière avec de l'artillerie et des munitions. L'insinuation allemande était donc habile et efficace. Déjà, un étrange aventurier teuton, avait depuis longtemps excité l'opinion publique contre le docteur français, son concurrent. Cet individu, se nommant Holtzmann et se disant médecin, n'était en réalité qu'un espion secret doublé d'un marchand de pastilles du sérail; il doit porter une large part de responsabilité dans l'assassinat de notre compatriote. Cette physionomie, des plus antipathiques, mais des plus curieuses, mériterait, avec sa psychologie de traître moderne, d'être fixée par un historien. Polyglotte instruit, apparenté au Dr Mohr, champion ardent, à Berlin, de la politique coloniale antifrançaise, il était récemment enfermé à Fez; et c'est en partie pour le sauver que nos colonnes supportèrent les fatigues, les assauts des tribus révoltées, les privations, les maladies et toutes les infortunes attachées à ce pays redoutable. Il y a ainsi des ironies historiques.

Aujourd'hui, Holtzmann prétend avoir renoncé à sa

nationalité ; il a épousé une musulmane et il est devenu un sujet du sultan, sans doute pour mieux servir le roi de Prusse. Cet espion, à plusieurs reprises désavoué par les autorités allemandes, a été toujours, par elles, occultement défendu. Il joua un rôle décisif dans l'émeute de Marrakech, au cours de laquelle Mauchamp succomba.

Il avait inventé, avec un sens très affiné de la crédulité des indigènes, la légende suivante, qui, tendancieuse et manifestement criminelle dans ses résultats, serait digne de l'imagination d'un poète des Mille-et-une Nuits doublée de la malignité basse d'un Basile. Notre malheureux compatriote y fait allusion dans une lettre, adressée le 7 janvier 1906 à notre consul à Mogador, sans d'ailleurs que sa plainte ait été prise en considération. Chose étrange, d'avance son intuition avait flairé bien des dangers. Il ne les affronta ensuite qu'avec plus de courage.

« Mais voilà que, depuis peu, je m'aperçus que les Arabes diminuaient dans ma clientèle du dispensaire (je ne parle pas des malheureux qui continuent à fréquenter la clinique comme par le passé), que les notables ne me faisaient plus appeler. J'en fus surpris ; puis j'appris que plusieurs personnes, soignées par moi, y compris mes opérés, ne voulaient plus me voir; deux de ces personnes témoignèrent alors leurs craintes à mon drogman, Si Mohammed, que j'avais envoyé prendre de leurs nouvelles; l'un d'eux, malade de peur, avoua ce qui suit :

Depuis quelques temps, le sieur Holtzmann, ayant changé de tactique à mon égard, devant les éloges qu'il entendait faire de mes capacités, tenait des propos de ce genre :

Le Docteur Mauchamp est, je le sais à présent, un excellent médecin ; c'est même l'un des plus habiles médecins de France ; mais j'ai des renseignements sûrs que mon amitié pour les Musulmans m'oblige à faire connaître.

Il appartient à une sorte de franc-maçonnerie française et chrétienne qui a voué aux Musulmans du Maroc une haine impitoyable, et dont les adeptes ont fait le serment de détruire le plus possible de ces derniers. Voici comme on procède : on choisit des médecins très habiles, très savants, comme le Dr Mauchamp, et on les envoie parmi les populations marocaines. Là, ces médecins soignent les Arabes avec l'apparence d'une grande bonté, les guérissent, soit par des médicaments, soit par des opérations, des maladies dont ils souffrent, ce qui leur attire la confiance de tous et une grande réputation, mais en même temps, ils leur font prendre un poison subtil qui n'agit que deux, trois, quatre ans plus tard et qui les fait mourir sûrement.

Et, lorsque ces médecins rentrent en France, ils se font un grand mérite d'avoir fait mourir deux cents, trois cents Musulmans, ce qui leur vaut de grands honneurs.

. . . .

Or la crédulité des Arabes est telle que la plupart de ceux-ci ajoutent pleine croyance à cette fantaisie extravagante. Si, d'ici quelque temps, un des malades que j'ai soignés venait à être atteint d'une maladie grave dont il meurt, on ne manquerait pas de convaincre toute cette population crédule et superstitieuse que ce décès est le résultat de mes médications occultes, de l'espèce d'envoûtement thérapeutique que je suis accusé de pratiquer, et alors ma personne pourrait être exposée à de fâcheuses explosions de fanatisme que de semblables interprétations de mes actions auraient tôt fait de soulever...... »

La haine de Holtzmann contre Mauchamp avait ses racines dans l'opposition de ces deux caractères et des races qu'ils représentent. Le Français, humanitaire, loyal, incapable de fourberie, poussant le courage jusqu'à l'extrême hardiesse, savant authentique, vif, bon et sans arrière-pensée ; l'aventurier allemand, au contraire, lâche, fourbe, trompant même sur ses diplômes, capable de toutes les comédies pour arriver à son but, se jetant aux genoux de l'adversaire « pour implorer sa clémence, solliciter son amitié » et ainsi pouvoir mieux le frapper dans le dos, poursuivant, en somme, son but avec une ténacité et une férocité dont tout autre eût été incapable... Holtzmann n'avait pas rencontré Mauchamp seulement à Marrakech, où celui-ci l'avait supplanté comme médecin des indigènes. Fait plus grave, notre ami l'avait démasqué auprès de Moulay-Hafid, qui avait tout d'abord pris pour confident cet espion. Moulay-Hafid, alors vice-roi du Sud, était déjà un personnage de grande importance. Nous devons reconnaître qu'après des conversations longues et intimes entre Mauchamp et lui, il cessa d'être malveillant à l'égard des nôtres ; du moins tant qu'il ne fut pas encore prétendant. Il avait vivement apprécié le courage, la fermeté et surtout le caractère fier du savant français, alors que les courtisaneries de l'imposteur allemand finirent par l'écœurer.

Dès le retour de Mauchamp à Marrakech, les événements se précipitèrent.

De par cette puissance d'illusion dont use souvent la destinée envers ceux qu'elle veut conduire à ses fins en les aveuglant, notre ami, d'ordinaire si clairvoyant dans son pessimisme, est malheureusement de plus en plus en confiance depuis qu'il est revenu de France. Il a revu ses chers parents. Il se sent maintenant soutenu aux Affaires Étrangères. M. Regnault, ministre de France à Tanger, l'approuve. Il n'est plus aussi isolé ; M. Louis Gentil, Mme Gentil et leur petite fille Suzanne ont quitté Tanger et vont aussi se fixer à Marrakech. Comptant s'installer pour longtemps dans le pays, il rentre dans son « home » marocain avec plusieurs caisses renfermant ses collections artistiques, composées soit de ses propres achats dans les divers pays où il vécut, soit des présents que lui adressèrent quelques-uns des riches indigènes, qu'il avait un peu partout guéris.

Or, ces bagages devaient justement servir de motif à l'exaltation d'une foule absurde. On crut ou on feignit de croire que le rouleau renfermant un grand tapis de

4 mètres de côté contenait des mâts et des antennes. Tout s'enchaîne logiquement, même les détails les plus contradictoires dans l'esprit des gens à idées préconçues. Déjà, sur le passage de M. Gentil, on chuchotait : « Voilà les Français qui viennent prendre le Maroc. » Cet explorateur ne trouva pas de maison à louer dans le pays, et il dut accepter l'hospitalité de l'Alliance israélite. C'est à une de ses lettres que nous nous reportons pour nous renseigner exactement sur le terrible massacre du 19 mars 1907, l'ambiance qui le prépara, la manière dont il s'accomplit brusquement, brutalement. Le prétexte fut, avec les bagages mystérieux, un jonc installé sur la terrasse pour tenir le linge qui sèche :

« Le 19 mars, les indigènes qui surveillaient de très près la maison du docteur remarquèrent un de ces grands roseaux comme on en voit sur beaucoup de maisons et qui devait servir de poteau pour étendre le linge. On a dit qu'il s'agissait d'un mât destiné à mes opérations géodésiques. C'est une absurdité, car qu'aurais-je fait d'un mât quand Marrakech offre par ses minarets, ses mosquées, tant de signaux naturels et notamment la fameuse *Koutoubia* de 82 mètres de hauteur, qui se voit à une très grande distance. »

Le même jour, vers 11 heures et demie, M. Gentil, de son côté, était occupé à déterminer l'heure par l'observation du soleil sur la terrasse de l'Alliance israélite lorsque l'orage humain éclata. Les portes du Mellah (le quartier juif) furent fermées. L'émeute éclatait dans la ville. Le caïd du quartier israélite crut que M. Gentil avait arboré un drapeau français.

C'était à ce moment qu'Emile Mauchamp était assassiné.

M. Gentil l'avait quitté un peu avant dix heures. L'infortuné se rendait à son dispensaire, qu'il allait rouvrir le lendemain. Si-Mohammed-Srir, protégé anglais, et quelques indigènes l'avertirent que les Arabes étaient mécontents de l'objet qui se trouvait sur sa terrasse :

« Ce n'est qu'un roseau, répliqua-t-il, mais puisqu'on en prend ombrage, je l'enlèverai. »

Accompagné de son interprète, le docteur se dirigea vers son domicile, à deux cents mètres de là. Il jouait gaiement avec sa badine. La foule ne tarda pas à le suivre. Dans son insouciance du péril, il ne se rendit pas compte de l'agitation et de la colère qui grondait sur son passage. Avant d'arriver chez lui, Mauchamp se trouva nez à nez avec une bande d'émeutiers brandissant des sabres, des fusils, des koumia (grands couteaux) et des matraques. Nous ne connaissons les détails du crime, directement, que par Si-Mohammed-el-Hassani qui suivait le jeune savant. D'après son témoignage, le moqaddem du quartier, « écumant de rage », se précipita sur l'interprète qui voulut le calmer en lui affirmant de nouveau que le roseau tendancieux serait enlevé. Mauchamp gardait tout son calme et se rendait si peu compte à cette heure là du complot contre lui préparé de longue main, qu'il n'avait pas emporté d'armes avec lui (1).

« Voyons, soyez sages », se serait-il contenté de dire à ces fanatiques, d'après les diverses versions du meurtre qui nous sont parvenues. Malgré son peu de foi en la sincérité et la générosité des indigènes, il ne pouvait s'empêcher de traiter ces forcenés, ces fous ou ces malfaisants, comme des enfants qu'on doit calmer par son propre calme.

L'interprète, étant plus familier avec les mœurs du pays, comprit que quelque chose de grave allait se passer, et il songea d'abord à se sauver lui même ; apercevant une porte ouverte, il s'y réfugia. Une femme se décida à le cacher dans la maison, « parce qu'il était musulman ».

N'ayant plus son interprète, Mauchamp était bien perdu, car il lui était impossible de s'expliquer. S'il avait été armé, il aurait pu, du moins, vendre chèrement sa vie, ou même tenir à distance ces bandits qui subissent le prestige de l'Européen et savent, par expérience, qu'un seul d'entre nous, quand il a des moyens de défense,

---

(1) Lettre de M. Falcon adressée à M. Mauchamp père, confirmant le récit de M. Gentil et datée de Marrakech, le 13 avril 1907.

vaut une foule d'entre eux. Un long poignard l'atteignit. Il n'y avait plus qu'à fuir, à regagner le plus tôt possible la maison, tâcher de s'y enfermer, pour faire usage des armes qu'il y aurait trouvées. Il se précipite dans l'impasse conduisant à sa maison, mais il est rejoint par la haineuse multitude, qui l'enveloppe, l'accule contre un mur. Il tombe ; et, alors, c'est une horrible curée. Tous frappent; les pierres, les bâtons, les couteaux s'abattent sur ce corps déjà inanimé. Du haut des terrasses voisines, les femmes poussent des « you you » de triomphe. « Le Chrétien, l'infidèle est mort, gloire à Dieu et à Mahomet ! (1) » Songez que ce supplice dure deux heures. Il faut espérer que la mort ne se fit pas attendre et que l'on ne s'acharna que sur un cadavre. Hélas ! généralement il n'en est pas ainsi ; et le Marocain pratique la lenteur savante des supplices chinois. On arrache ses vêtements et on va mettre le feu à ce corps meurtri quand des soldats dispersent les bourreaux. Sur l'ordre de Moulay-Hafid, la dépouille de Mauchamp est transportée au dispensaire.

« Il était temps, dit M. Gentil, la foule, de plus en plus surexcitée, venait de passer une corde aux pieds de notre infortuné ami et se proposait de le traîner dans

---

(1) Lettre de M. Falcon à M. Mauchamp père, 19 avril 1907.

un terrain vague où on allait le faire brûler après avoir arrosé son corps de pétrole. »

Un autre récit du massacre nous a été communiqué d'Oran. Les détails sont plus affreux encore :

Un énorme pavé fracasse la tête de Mauchamp qui chancèle. En vain, il tente de trouver un abri dans sa propre maison ; les portes sont barricadées. Derrière, terrorisés, les domestiques n'osent ouvrir.

Ces brutes se resserrent autour du docteur blessé ; elles le poussent violemment dans l'impasse où donne sa maison ; elles l'injurient, l'accablent de crachats, l'assomment à coup de pierres et de matraques. Le malheureux est renversé. En vain il appelle au secours. Le fils du pacha et les chefs de quartiers sont toujours là qui excitent la population au crime. Les énergumènes se pressent autour de Mauchamp et tirent leurs *koumia* de leurs fourreaux. Deux coups de poignard crèvent les yeux de leur victime, deux autres l'atteignent au cœur. Puis, ils s'acharnent sur le corps inanimé du chrétien, lui lardent le crâne de cinq autres coups de poignards, lui labourent le ventre de leurs couteaux affilés. Enfin « la tourbe en délire traîne le cadavre au fond de l'impasse et le jette dans une fosse putride, infecte. Elle retire cette loque humaine du lieu innommable où elle l'a souillée et l'attache par une corde aux pieds. Hurlant toujours, traînant dans la poussière le corps du malheureux qui lui donnait ses soins actifs et désintéressés, elle ne s'arrête qu'au milieu d'un terrain vague. Des bidons de pétrole sont apportés et sont éventrés ; on inonde le cadavre et on s'apprête à y mettre le feu (1) ».

Les émeutiers d'ailleurs ne s'en tinrent pas là. Ils pillèrent la maison du docteur, puis allèrent assiéger la maison de l'agent consulaire d'Angleterre. Là, un domestique repoussa les assaillants, tua deux hommes et en blessa un troisième ; cinquante soldats envoyés par Moulay-Hafid suffirent à peine pour dégager deux commerçants français et les conduire au Dar-Maghzen.

Ce n'est qu'à la tombée de la nuit que M. Gentil put se rendre, avec M. Lassallas et une escorte fournie par le vice-roi, à la maison de la victime. Encore durent-ils se vêtir en musulmans :

« La porte d'entrée avait été forcée, écrit M. Gentil, l'intérieur offrait le plus lamentable spectacle. La maison avait été mise à sac. Il ne restait que des meubles en bois blanc, brisés, défoncés, pour la plupart jetés dans le jardin intérieur que le docteur avait aménagé avec tant de soins. Les livres et les papiers jonchaient le parquet, la cour, et traînaient jusque dans la rue. Ils étaient souillés de boue et de sang car les meurtriers avaient dû se battre pour s'approprier les objets de la victime. Les tentures, les riches tapis d'Orient et les différents objets de valeur, collectionnés avec un goût remar-

(1) Cf. Biographie du docteur Émile Mauchamp par M. Henri GUILLEMIN.

quable par Mauchamp, avaient complètement disparu !

J'ai jugé indispensable de ne pas laisser perdre la correspondance du docteur ; et, à cet effet, j'ai fait mettre dans des sacs tout ce qui était papier ; le tout, apporté chez moi, a été trié avec soin, sous mes yeux, par mes compatriotes. J'ai réuni, en quatorze paquets, les papiers et les manuscrits et les ai envoyés par les soins de M. d'Huytéza, vice-consul à Mazagan, à M. le Ministre de France à Tanger. »

Cette vision de vol sanglant et de pillage, malgré son horreur, était peu de chose encore, à côté du spectacle qui attendait les deux Français au dispensaire. Là, dans « une petite pièce sans autre ouverture qu'une porte basse », ils aperçurent, allongé sur de l'herbe fraîche, un corps presque méconnaissable dans un manteau blanc (1) :

La tête comme broyée portait un turban. Les soldats avaient habillé en Arabe celui que les Arabes torturèrent et tuèrent. Quelle dérision ! Mauchamp, pendant sa vie, avait toujours refusé de quitter ses vêtements européens : « Je suis ici, répondait-il, comme médecin français, pour faire connaître et faire aimer la France ; il faut que les indigènes reconnaissent en moi un Français. »

Ces restes informes, nos compatriotes durent renoncer à les emporter avec eux et même à les veiller. Il fallut rentrer.

(1) « A l'examen, écrit M. Falcon, MM. Gentil et Lassallas ont compté jusqu'à 25 blessures, presque toutes dans la région du cœur, une au côté et une au front. »

Le Dr Mauchamp à Marrakech

Cliché « Illustration »

Chez lui, M. Gentil rédigea un procès verbal de constat qui, ayant été signé aussi par Si-Omar-ben-Medjjad et M. Lasallas, fut adressé à Tanger au Ministre de France. Un menuisier musulman, qui avait préparé pour M. Gentil un petit observatoire météorologique en planches, le transforma en cercueil. Ce corps y fut déposé le 20 mars « dans un drap blanc, sous une couche de charbon »; le cercueil fut transporté jusqu'à la côte, à dos de mulet, pendant la nuit ; des Européens et vingt-cinq soldats de Mouley-Hafid lui firent cortège. Ce fut quatre jours de chevauchées. A Mazagan, le corps fut embaumé ; la cérémonie des obsèques eut lieu à Tanger, le 2 avril 1907, avec solennité et dans l'émotion générale.

Tous les Européens tinrent à l'honneur de se joindre à nous pour affirmer la part qu'ils prenaient à notre affliction.

« Nous le savons, Messieurs, s'écria M. Regnault, devant la dépouille posée sur un wagonnet et enveloppée du pavillon tricolore, les évolutions des peuples ne peuvent s'accomplir sans secousses ni sans victimes. Parmi les hommes ce sont les meilleurs, les plus utiles, qui méritent d'être distingués et qui se désignent aux coups des barbares.

Il en coûte sans doute de perdre une intelligence productive et bienfaisante comme celle de Mauchamp ; mais les sacrifices même les plus cruels, n'ont jamais fait reculer les idées. De tels exemples, loin de décourager les vocations les suscitent.

Déjà, le 26 mars, un débat sur la mort du patriote martyr entraînait à la tribune M. Dubief qui se fit applaudir sur les bancs, en lisant plusieurs des lettres du D Mauchamp (nous avons cité plus haut des extraits).

M. Pichon, ministre des Affaires étrangères termina ainsi son discours :

« Le Gouvernement a décidé d'occuper la ville d'Oudjda et de maintenir cette occupation jusqu'au jour où nous aurons obtenu les réparations qui nous sont dues. Quelles sont ces réparations ? C'est d'abord la punition des auteurs du meurtre du D Mauchamp, la destitution et l'emprisonnement du gouverneur qui a la responsabilité de ce crime *(très bien, très bien !)*; les indemnités convenables pour la famille de la victime; les réparations dues au Gouvernement en raison du caractère officiel qu'avait notre compatriote; enfin l'affectation d'une somme importante à une œuvre de bienfaisance au Maroc... »

En effet, tout récemment, parmi les vœux du Gouvernement, a été réalisé du moins celui qui, en ce discours approuvé de tous, fut exprimé le dernier. Un hôpital portant le nom du D Mauchamp a été fondé à Marrakech.

III

C'est à Jérusalem, au milieu de nos excursions et de nos promenades que le projet de sonder plus à fond l'âme musulmane et d'en révéler au cours d'un livre, les méandres et les profondeurs, se précisa dans le cerveau du Dr Mauchamp. Nous ne nous lassions, ni l'un, ni l'autre, d'explorer Jérusalem et ses alentours. Ah! les souvenirs, si poignants malgré leur indécision, d'un passé religieux, là tout proche, et comme ressuscité par des sanctuaires encombrés de pèlerins et des cérémonies magnifiques! Ah! les luttes d'influences, les petites querelles des sectes, se déroulant autour du sépulcre d'un Dieu, l'intérêt tout à fait exceptionnel d'un confluent de races, de doctrines, d'espérances, la poésie des sites sacrés, qui n'ont d'équivalent nulle part.

Mauchamp était mon compagnon de choix ; d'ailleurs il jouissait d'une situation exceptionnelle en tant que médecin français, à cause aussi de son activité et de la sympathie, qui rayonnait de lui et y retournait. Les congrégations, qui forment, à elles seules, dans cette ville, une population importante, lui étaient reconnaissantes du dévouement qu'il leur témoignait, quoiqu'il restât un libre-penseur irréductible et un républicain avéré.

Ce qui paraissait plus difficile encore, il avait conquis l'amitié et la confiance des Musulmans, qui allaient à sa clinique où le faisaient appeler, lui ouvrant leur maison et même les appartements de leurs femmes.

Mauchamp avait gardé, au milieu de ses travaux astreignants, sa jovialité et sa bonne humeur.

Je le revois, grand et svelte, allant de son pas rapide dans les rues de Jérusalem, qui sont vraiment un dédale inextricable. Que de journées heureuses, vécues ensemble !

Je me rappelle une excursion, poussée jusqu'à Jéricho, les eaux tranquilles du Jourdain, l'aspect étrange de ce lac si bien nommé, en effet, « la Mer Morte », où se mêlent le sel, le naphte, le bitume et le soufre. Là, rien de vivant ne demeure, pas même un végétal ; et cette onde noirâtre et huileuse où tout surnage, recouvre, sans doute, comme l'indique la légende sacrée, d'antiques cités détruites. Ayant erré dans cette plaine désolée de Jéricho, où les trompettes bibliques semblent avoir pour jamais créé le désert et la désolation, nous passâmes quelques heures agréables chez le pacha de l'endroit avant de rentrer à Jérusalem.

Comme Mauchamp était gai, ardent, observateur, spirituel, infatigable ! Je n'ai pas oublié, non plus, les soirs où nous nous attardions dans la vallée de Josaphat, près de la Fontaine de la Vierge. Nous entendions les chats sauvages miauler dans les arbres et les chacals se plaindre, en rôdant autour des tombes. Une oppression sacrée nous montait à la gorge : notre esprit subissait l'emprise de l'antique Sion, dont les monuments se dressaient encore si près de nous ; et, d'autre part, cette contrée âpre et charmante, presque retournée à l'état sauvage, sous la domination des Turcs, nous plongeait dans une mélancolie impossible à définir... C'est alors que le mystère de la vie musulmane, de sa mission, de ses énergies expansives, qu'accompagne une sorte d'imperméabilité, revenait dans notre conversation, comme un leit motiv, qui trouble et qui hante. Je lui disais :

— Puisqu'il t'est donné de vivre dans ce pays et de pouvoir, par tes fonctions, mieux que tout autre, pénétrer dans l'intimité des habitants, profites-en pour analyser leurs dispositions, leur vices, leurs coutumes, leur savoir, leurs ignorances. Montre-nous les rouages secrets de ces mécaniques intérieures. Nous ignorons les vrais mobiles qui les font agir et comment il se trouve que nous ayons sur eux si peu d'action...

— On serait bien étonné d'apprendre que la magie et la sorcellerie comptent encore tant d'adeptes parmi eux.

Et, mon camarade me l'assurait, les doctrines que j'avais exhumées dans *le Satanisme et la Magie* (1)

---

(1) Un volume paru d'abord chez Léon Chailley.

étaient encore en vigueur chez maintes peuplades musulmanes.

— Écris ce livre, lui disais-je; tu rendras un fier service aux orientalistes d'abord, comme aux psychologues, enfin à la France qui semble avoir reçu, pour l'Afrique, la mission d'y civiliser les Musulmans.

Les années passèrent; j'allai en Égyte rejoindre des amis qui devaient avec moi partir pour l'Inde. De son côté, Mauchamp allait être appelé à parcourir l'Arabie Pétrée, la Syrie, l'Asie Mineure, enfin le Maroc, où il devait sacrifier sa vie pour notre influence et pour la civilisation.

Notre causerie resta féconde ; c'est au Maroc surtout qu'il réalisa le projet, que nous avions ensemble prémédité. Pendant les heures que laissaient libres les séances du dispensaire, les visites aux indigènes, les explorations, il colligeait les documents qu'il devait réunir plus tard sous ce titre « La Sorcellerie au Maroc » et qui, aujourd'hui, paraissent enfin. La tâche ne fut pas aisée; la sorcellerie, la magie, se plaisent à l'obscurité ou au moins aux demi-ténèbres ; elles y gagnent un prestige qui a lui-même quelque chose de mystique et de mystérieux.

Dans ses lettres à ses parents, Mauchamp fait, plusieurs fois, allusion à son procédé d'enquête. Il leur écrivait :

« J'ai depuis quelque temps, en ce moment même, un brave sorcier, auquel j'arrache ses secrets pour la documentation de l'ouvrage que je me propose de publier plus tard. Comme je ne sais si je pourrai le retrouver, je ne le lâche pas ; il est dur à la détente (1).

Quelle émotion à tenir dans sa main, à parcourir des yeux ce cahier et ce manuscrit, transmis à M. Regnault, ministre de France à Tanger. Les feuillets en lambeaux en ont été religieusement ramassés par les amis du docteur, sur le sol de sa demeure, où tout cela gisait, maculé de sang ; car les meurtriers se sont entr'égorgés, comme nous l'avons dit, pour le partage de ses bibelots, de ses collections et de ses souvenirs.

Par un juste hommage qu'il me plaît de rendre à une

---

(1) Une note, que je crois bon de citer intégralement, nous initie aux détails de la petite mise en scène nécessaire pour extirper les confidences dont ce livre est la synthèse :

« Ce sorcier était dur à la détente, écrit M. Henri Guillemin, ainsi que d'autres Musulmans interrogés ! Il ne fallait pas qu'ils vissent le docteur écrire leurs réponses à ses questions : sans cela ils auraient gardé le mutisme le plus complet. Pour se rappeler leur conversation, il avait imaginé ce stratagème. Assis de côté à une faible distance de sa table de travail, tout près de ces gens qu'il regardait en face, et muni d'un crayon avec lequel il semblait jouer tout en causant, il jetait nonchalamment sur un cahier d'écolier posé sur la table, les principaux points de chaque remède. Ensuite, il encerclait d'un trait les mots épars qui lui serviraient, une fois seul, à reconstituer chacune de ces recettes absolument fantastiques... avec lesquelles, en ajoutant nombre d'observations médicales, il a pu composer un recueil de près de 400 pages. »

affection intelligente et délicate et aussi au point de vue documentaire, je citerai, telle que me l'a communiqué sans signature M. Mauchamp père, une page bien intéressante. On y constate la ferveur de dévouement que le cœur excellent de notre jeune héros savait susciter auprès de lui.

« La personne qui a mis en ordre ces notes veut être accusée seule de ce qui dépare cette œuvre.

Il n'y avait de rédigé que l'introduction dont les premières feuilles manquaient. Le reste de l'ouvrage était noté pêle-mêle sous la dictée ânonnante sans doute de quelque drogman arabe, interprète entre le courageux docteur et les misérables empiristes de ce primitif pays.

Sur les feuillets détachés, arrachés, souillés de boue et de sang dans la bagarre qui suivit le pillage de la maison du héros, les remarques se rapportant aux sujets les plus différents étaient tellement enchevêtrés qu'il fallut numéroter jusqu'à cinq ou six fois dans une page enfin de s'y retrouver.

On n'a pas non plus trop osé faire un triage, ce livre étant du document et non pas de la littérature.

Souvent encore, à quelque tournure de phrase, à quelque mot, à quelque façon de penser ou de s'exprimer, la personnalité de l'auteur devenait tellement vivante, et le souvenir qu'il n'est plus, si douloureux que la clarté de la pauvre raison qui travaillait s'embuait de tristesse ; malgré les efforts répétés de la volonté, certains passages ne purent jamais être revus de sang froid.

Qu'on tâche donc d'imaginer ce que cet ouvrage aurait

pu être s'il avait été ciselé par son auteur et qu'on le prenne pour ce qui est : l'œuvre inachevée d'un savant, d'un artiste, œuvre qu'on trouva en lambeaux, en ruines et qu'une main amie pieuse, mais maladroite, d'autant plus maladroite qu'elle souffrit, tâcha de reconstruire pierre par pierre. »

Cette première version a été revue et recopiée de la main de M. P. Mauchamp qui me l'a communiquée, et c'est alors que m'est échu mon travail personnel de mise en point.

IV

Le livre du Dr Mauchamp nous apporte la révélation, la plus complète et la mieux « vue », du Maroc mystérieux, de ses coutumes, de ses croyances, de sa vie intime, de tout ce qui caractérise enfin la décadence, inéluctable, semble-t-il, de ce peuple. Nous retrouvons dans ces bribes de sorcellerie, dans ces recettes de « bonnes-femmes », qui sentent la méchanceté, la luxure et le crime, les notions d'une très ancienne métaphysique, les souvenirs corrompus d'une des plus belles civilisations du monde.

Fez fut célèbre autrefois, comme centre de religion, d'université, de philosophie et de science.

Or, il n'est rien de pire que la décrépitude des meilleurs États. On se souvient que les Arabes ont été, pour l'Europe, les transmetteurs des connaissances et de la sagesse grecques et orientales. Si certaines hordes musulmanes anéantirent les architectures chrétiennes et païennes, brulèrent cette fameuse bibliothèque d'Alexandrie, qui renfermait des chefs-d'œuvre inappréciables, les prédécesseurs et les disciples d'Averroès rallumèrent les flambeaux éteints d'un passé, qui, sans eux, serait resté dans une éternelle nuit. Nous leur devons notre manière de penser et même de compter et tant de reliques littéraires et philosophiques, qui sans eux eussent été à jamais abolies.

Mais la synthèse scientifique de cette grande époque était imprégnée de mysticisme. On croyait avec les astrologues à l'efficacité psychique des rayons des étoiles ; et les fourneaux des alchimistes préparaient la difficile recherche du Grand'Œuvre.... Ce n'était pas la sorcellerie comme de nos jours, la sorcellerie, ou plutôt, afin de préciser, une ignorance superstitieuse, cruelle et fanatique, c'était la « magie », je veux dire une notion élevée et confuse de l'unité du monde, la certitude d'une âme universelle, disséminée en toutes choses, et que l'on peut, par des rites et des prières, atteindre et ductiliser.

Ces connaissances douteuses mais grandioses provenaient de l'*intuition* personnelle, d'une tradition très reculée, et aussi de certaines expériences subtiles.

Assez rapidement la décadence commença.

Le climat y fut pour quelque chose, ainsi que la paresse et les peuplades guerrières venues du désert qui, par des invasions constantes, détruisirent l'équilibre fragile d'une intellectualité, ayant déjà baissé dans les villes saintes.

Il faut avouer encore que, malgré certaines grandes idées éparses dans le Koran, et, quoique ce livre ne soit pas nettement opposé à l'esprit scientifique, comme on a voulu le faire croire, les commentaires, qui l'entourent et l'étouffent d'une complexité minutieuse et littérale ont pour but d'extirper toute liberté de penser et toute tendance vers des recherches nouvelles.

Ce même goût d'immobilité, cette torpeur africaine, à laquelle succèdent de brusques furies et d'excessives violences, s'étendirent du monde physique jusqu'au domaine de l'esprit. Ce furent de monotones et mécaniques formules, que les talebs se léguèrent de génération en génération. Les cerveaux stagnèrent, et, de même que, dans les eaux croupissantes, se multiplient les miasmes les plus dangereux,—dans ces âmes, que ne stimulaient plus ni la foi au progrès, ni le désir de connaître, tous les vices de l'intelligence et du cœur se fortifièrent en s'exaltant.

D'autre part, la race noire infusa au sang arabe, mauresque ou berbère, des éléments funestes et dépravants.

Dès lors, le Maroc ne peut plus trouver en lui-même sa régénération. Autrefois partirent de Fez, pour conquérir l'Europe, des harcas de soldats téméraires, commandées par des chefs chevaleresques et beaux. Elles étaient accompagnées de mathématiciens, de philosophes et de poètes. Aujourd'hui, comme disent les bouddhistes, « la roue a tourné ». Nos soldats sillonnent les plaines fécondes, traversent les oueds, assainissent les villes. Bientôt la civilisation européenne et française, par les armes et par le livre, purifiera ce vieil empire anarchiste, pestilentiel et décrépit.

V

En attendant, les sorciers se défendent, les sorciers, c'est à dire les professeurs et les prêtres, qui conservent jalousement les traditions corrompues et corruptrices d'une science obscurcie et d'une religion tombée. Ulémas et talebs sont les grands ennemis de notre intervention pacifique ou militaire. Ce n'est pas le sultan avec ses ministres, qui, en réalité, gouverne, dirige, exploite le plus le Maroc : ce sont eux, les sorciers, qui profitent de la crédulité, de la timidité et de l'avilissement, où ce peuple, autrefois si érudit et si fier, est descendu. Ils vivent et ils sont tout puissants, grâce à ce fanatisme, qu'ils créent ou qu'ils développent. Ils condamnent à mort celui qui pourrait dissoudre les brumes où se perdent leurs victimes. La lumière intellectuelle est une ennemie, qu'ils pourchassent par tous les moyens ; et on peut dire que c'est eux qui, réellement, tuèrent Mauchamp en excitant par leurs calomnies haineuses et leurs suggestions féroces, des brutes, chez qui ils avaient éteint, par avance, toute lueur de jugement, de compréhension et de pitié.

Ils tentèrent cependant de gagner le « hakim » français. Ils répondaient à son appel. Avec leurs mufles de chacals, leurs gestes timorés, que facilement exalte la haine, quand ils se sentent les plus forts, ils entraient dans la maison, qu'habitait à Marrakech le docteur. Ils s'entretenaient avec lui de leurs méthodes de travail et des minutieuses tactiques, employées hypocritement et vilement, pour persécuter, nuire, tuer même. Dans ce pays où les sociétés secrètes sont innombrables, le goût de faire des adeptes est en quelque sorte inné. Vers leur occultisme traître et sournois, ces maîtres des ténèbres auraient été heureux d'entraîner l'intrépide et loyal savant, comme s'il était possible de changer une baïonnette luisante contre une lame rouillée et torse.

Émile Mauchamp obéissait tout simplement à cette curiosité psychologique, que je m'étais plu à aiguiser encore pendant le mois que nous passâmes ensemble à Jérusalem. Il avait compris qu'en effet, nous ne pourrions jamais connaître, jusqu'en ses replis, l'âme musulmane si nous nous contentions d'étudier le Koran ou de visiter des mosquées et des bazars. De même que les grimoires hébreux, français et latins, que j'avais feuilletés à la Bibliothèque de l'Arsenal, me permettaient d'explorer les dédales de ces consciences inquiètes et troublées de notre Moyen-Age européen, époque de foi et d'enthousiasme, époque aussi de superstition, de férocité et de terreur, Mauchamp, à qui j'en avais parlé et qui ne l'avait pas oublié, s'industriait à analyser par le menu, les envoûtements marocains, leurs philtres d'amour ou de vindictes. Comme ces secrets mystiques et criminels ne doivent pas, afin de garder leur efficacité, être livrés aux profanes, notre questionneur conversait avec les talebs sans ostensiblement prendre de notes. Nous l'avons déjà fait remarquer ; afin de ne pas perdre les détails compliqués et diffus de ces ordonnances malfaisantes, d'une main qui semblait se jouer, il enregistrait, en signes rapides et illisibles, sauf pour lui, les renseignements qui lui étaient communiqués (1).

(1) De ces précieux gribouillages nous donnons un spécimen. La photographie a fixé aussi quelques lignes du manuscrit original et originel, maculé de sang et de boue.

Le savant devait payer de son martyre les révélations qu'il arrachait à ces nécromans et à ces envoûteurs.

Est-ce à dire qu'aucune parcelle de vérité, aucune miette de science, et surtout aucun document authentique et utile de psychologie ne puisse apparaître dans ces gravâts, ces décombres et ces ordures ? Ici, en quelque manière, je suis plus indulgent qu'Émile Mauchamp. D'abord, parce que je sais la beauté des sources, d'où descendent ces fleuves devenus impurs à parcourir trop de marécages. J'ai étudié les Upanischads de l'Inde, traités théologiques en forme d'hymnes, avec quoi Schopenhauer et d'autres philosophes plus récents ont édifié leurs systèmes. Autant que la vie moderne me l'a permis, j'ai scruté les pages, obscures mais substantielles et profondes, de la Cabbale, dont les Arabes, à la bonne époque, furent les continuateurs. Je sais, à n'en pouvoir douter, que les superstitions, parfois abjectes, que Mauchamp a recueillies, pour mieux les dénoncer à tous, sont les débris d'une antique science, ou plutôt d'une synthèse de science, qui exprima pendant plusieurs siècles l'apogée de l'esprit humain.

Certes, depuis, et je ne crains pas de le répéter, l'intelligence de la race ayant baissé, le livre ne fut plus compris ; et la lettre, selon le mot célèbre, tua l'esprit. Au mage qui voit, au delà des symboles matériels et transitoires, la vérité immatérielle, a succédé le sorcier, qui rapetisse la pensée et les actes aux extériorités et au verbalisme.

N'importe. La psychothérapie est bien sortie, lucide, méthodique, des rites parfois troubles du magnétisme : une psychologie pratique, c'est à dire un entraînement spécial de la volonté, pourra résulter de l'étude comparée de ces agissements, qui semblent ridicules et sont le plus souvent néfastes et laids. Mais, en eux, nous pouvons discerner l'emploi de forces intimes, qui sont en la circonstance dirigées vers le méfait et même le meurtre, alors qu'il sera possible de discipliner ces énergies, pour quelques œuvres généreuses de guérison et de bon aloi.

Lorsque nous touchons à ces problèmes, qui sont beaucoup plus importants qu'on ne le croit, par leur retentissement individuel et social, le sujet d'études s'élargit, déborde du Maroc, intéresse aussi l'Europe et le monde.

Il s'agit, en effet, de certains états d'âme, qui ne sont pas uniquement marocains, ni même africains ; car ils appartiennent à une certaine époque, au cours de laquelle l'esprit humain, orienté de certaine manière, commit de grossières erreurs et en même temps, eut, au milieu d'une fumée aveuglante et irrespirable, des lueurs sur un

La colonie française de Marrakech (MM. Firbach, Gentil, Lassallas, Bouvier, Falcon, Boujo ; Mme Gentil, Si Omar ben Mejjad, Mme Falcon, Mlle Garzon.

L'impasse devant la maison du Dr Mauchamp ; la croix blanche indique l'endroit du meurtre ; la croix noire, à droite, le dispensaire ; au fond, la Koutoubia.

domaine de connaissances, abandonné depuis, et auquel, aujourd'hui, nous retournons.

Je dois reconnaître qu'une étrange ressemblance rapproche la sorcellerie moderne au Maroc de notre ancienne sorcellerie française.

Les documents inédits, que j'ai trouvés à Paris, soit à la Bibliothèque de l'Arsenal, soit à la Bibliothèque Nationale, ou à Londres, au British Museum, peuvent être mis en parallèle avec ceux recueillis par le Dr Mauchamp. Avec cette différence que les grimoires français, rédigés la plupart du temps au xviiie siècle seulement, portent la marque du Moyen-Age et ne sont plus guère mis en vigueur heureusement.

Il est vrai que les sorciers, les devineresses, les occultistes modernes cherchent à revivifier ces doctrines désuètes et ces expériences incohérentes (1). A côté de quelques chercheurs de bonne foi qu'il faudrait encourager, combien de charlatans, d'aventuriers, de fous et de demi-fous! Les colporteurs vendent encore « le petit Albert » dans les campagnes; mais ce sont de bien faibles et pâles survivances, à côté d'habitudes invétérées et en quelque

(1) Le Folk-Lore rapporte bien des coutumes aussi niaises d'apparence, aussi dégradantes en fait et pourtant encore usitées dans nos provinces. Il n'y a pas si longtemps, elles étaient à la mode chez les gens du monde ; a-t-on oublié les bouillons de têtes de vipère que vantait Mme de Sévigné, et, au seuil du xviiie siècle, les vénéneuses pharmacopées de la Brinvilliers ?

4

sorte constantes chez les peuplades du Maroc. Celles-ci, — et tous les voyageurs confirmeront nos dires — en sont restées, pour l'idée et la manière de vivre, au temps féodal, bien entendu avec tous les déchets qu'accompagnent les décadences. Il en est de même au Thibet, infesté de sorcellerie et d'anarchie.

Dès lors, nous n'en pouvons douter, puisque ce pays arriéré nous montre pratiquées encore, sur un autre continent, les mœurs sataniques en usage dans les diverses contrées d'Europe, pendant le Moyen-Age, il faut bien admettre que l'humanité a réellement traversé une période où la sorcellerie fut souveraine.

Il n'y a aucun accord possible entre nos méthodes de travail et les tâtonnements crédules de la sorcellerie ; mais nous sommes quelques-uns à reconnaître, après expertise, que les sorciers en savaient plus pour la psychothérapie que la plupart de nos médecins et de nos psychologues.

Nous ne sommes pas là seulement en face de folk-lore ou de curiosités historiques.

Ces recettes frauduleuses laissent entrevoir qu'il nous reste à apprendre quelque chose des philosophes mystiques oubliés et même des praticiens beaucoup moins recommandables qui furent leurs disciples.

Ces théosophes du Moyen-Age dressèrent la synthèse confuse d'une science psychologique, qu'un siècle prochain fixera, et qui, pour le moment, a passé de la spéculation vaine, à une analyse expérimentale sérieuse. Nous avons donc fait un pas modeste, mais assuré, vers la recherche de nouvelles vérités.

Ce que nous savons (ce n'est pas grand chose dans l'ordre de la psychologie pratique), nous le savons sans doute mieux qu'eux ; mais ils étaient allés beaucoup plus loin que nous.

Ils avaient pressenti et même défini d'une manière obscure et incomplète, il est vrai, quoique assez nettement pour leur propre esprit, la suggestion, l'hypnose, la catalepsie, les modifications intérieures de la personnalité, phénomènes aujourd'hui catalogués et contrôlés ; de plus, ils étaient initiés à la lecture des pensées, aux hallucinations télépathiques, à la suggestion mentale, à l'influence à distance et même aux divers prodiges, que, sous l'étiquette de spiritisme, on fait remonter à la deuxième moitié du siècle dernier, alors que, de tous temps, ils ont été connus et même provoqués.

Les exercices qu'exigent les « secrets d'amour et de haine », enregistrés dans les grimoires de la Bibliothèque de l'Arsenal ou constatés dans les papiers du Dr Mauchamp, ne sont entièrement absurdes que pour un sceptique irréfléchi. Ils ont d'abord l'efficacité certaine des rites, quels qu'ils soient, et qui agissent ou réagissent sur le ritualisant.

Ils sont basés sur la loi de l'association des idées, sur l'analogie et sur la puissance de l'imagination. Les marches, les promenades, les recherches difficiles que parfois ils exigent, les impressions répugnantes ou terrifiantes, qui viennent des matériaux employés, exaltent la passion de celui qui s'y adonne et aussi, du moins, augmentent ses forces, l'enivrent d'un fanatisme particulier. Même, n'y aurait-il vraiment que cela, il faudrait admettre le danger, c'est à dire la puissance de ces machinations ; mais on est en droit de supposer qu'intervient quelque chose de plus. La télépathie involontaire et accidentelle ne pourrait-elle pas, pour ceux qui savent, devenir méthodique et voulue ? En d'autres termes, n'est-il pas possible, comme l'ont cru l'Égypte, la Chaldée, la Judée, l'Inde et le monde entier en somme, au Moyen-Âge, d'influencer les âmes à distance, d'agir sur la santé, sur le jugement, sur la raison par le moyen de l'électricité humaine ?

Maintes expériences de magnétiseurs modernes et même d'hypnotiseurs officiels tendent à établir que, dans certaines conditions, après, bien entendu, des prises de contact préalables, la suggestion peut être véhiculée de cerveau à cerveau à travers l'espace, à peu près comme le croyaient les anciens sorciers et comme aujourd'hui l'imaginent les Marocains ? Plus tard, après des essais minutieux et répétés, je ne serais pas étonné que fussent trouvées les lois de cette télégraphie sans fil pour les pensées et les volitions. Il ne servirait de rien d'exposer aujourd'hui, autrement que sous forme d'hypothèse, une découverte psychique, qui ne serait d'ailleurs qu'une invention retrouvée et mise au point. Il faut que l'humanité aille pas à pas dans les demi-ténèbres de l'âme, alors que déjà nous courons tant de dangers à nous risquer dans les espaces libres de l'univers, où la lumière et la loyauté des lois physiques semblent des garanties de salut suffisantes. Je fais ici assez clairement allusion aux dangers de l'aviation, art des plus récents ; mais combien de risques courent les hommes à cause encore de leurs trop nombreuses ignorances dans le maniement des autres éléments, qu'ils croient avoir domptés !

Quoi d'étonnant si certains prodiges psychiques qui ne passent pour tels qu'à cause de notre impéritie, ont été d'avance compromis par les charlatans ou les malfaiteurs ; quoi d'étonnant si on les craint, si on les nie, ou si on s'en écarte ! Le progrès intérieur est toujours plus difficile que le progrès extérieur. Que d'hésitations et d'incertitudes, que de malveillances et de délires se dressent en obstacles sur l'idéal chemin !

La plupart des observateurs se contentent de regarder les faits étranges de la sorcellerie et de rapporter les formules et les rites qu'elle emploie, en n'y voyant que de l'absurde et du baroque ou bien de l'incompréhensible et de l'inexplicable. Ils se trompent encore plus en attribuant par exemple à l'islamisme pour le Maroc, ou au mysticisme chrétien pour le Moyen-Age français, les bizarreries de paroles ou de gestes dont s'enveloppent ces « secrets » ou ces « recettes ».

On peut le dire aussi bien en l'honneur de Mahomet que du Christianisme, la sorcellerie et la magie ont été également proscrites par le Koran et l'Évangile.

Il en est de même pour le Bouddhisme, qui cependant est devenu au Thibet, par exemple, le plus insensé des mysticismes spagyriques. Dieu sait pourtant que le Bouddha était opposé à toutes les superstitions et même à tous les prodiges. Il chassa de la « communauté » un moine qui se prétendait thaumaturge. Car, pour cette intelligence, suprêmement philosophique, qu'était Gautama, il y avait toujours dans ces phénomènes extraordinaires, sinon des mensonges, du moins de l'illusion et du trouble.

Mahomet a déclaré dans le Koran qu'il n'avait jamais fait de miracles et qu'il n'en ferait jamais. A la Mecque, près de son tombeau, les prodiges affluent... Tellement le prophète, le savant, l'homme supérieur s'efforcent vainement de lutter contre la crédulité, de fortifier les jugements et les consciences. Leurs plus ardents disciples, en toute bonne foi et pour les mieux honorer, exécutent le contraire de leurs ordres, non seulement parce qu'ils ne les ont pas compris, mais parce qu'ils ne sont pas en état de les comprendre. Et il en sera longtemps ainsi ; et ceux qui ne remontent pas aux sources croiront que Jésus, le Bouddha, Mahomet, auront encouragé les fauteurs de prestiges, alors qu'ils les auront rejetés sans cesse et combattus...

Non pas qu'ils aient nié les puissances de la Nature et de la Surnature, non pas qu'ils se soient opposés au développement de l'être intérieur par la méditation, la prière, la foi, qui concèdent des pouvoirs nouveaux et inconnus ; mais ils ont dédaigné l'extraordinaire, l'anormal, l'excentrique, les tours du bateleur et les hallucinations de l'hystérie.

En revanche, c'est dans une religion qui précéda le Bouddhisme, l'Islam et l'Évangile, ou plutôt dans un assemblage de religions ayant un même point de départ, mais des formes innombrables, je veux dire le Paganisme, que toutes les sorcelleries naquirent, se développèrent, s'épanouirent.

L'Inde, après l'époque des Védas, au temps d'un brahmanisme matériel et matérialisé, l'Égypte, lorsque ses magnifiques symboles devinrent des idoles, la Chaldée, dès que les prêtres succédèrent aux philosophes, enfantèrent ces croyances, ces rites, ces chants, ces gesticulations, ces sacrifices, ce mystère aussi, qui souvent n'est que de l'obscuration et conduit à l'annihilation de l'intelligence et à l'asservissement de la volonté.

Ces énergies supérieures, que peuvent soulever un grand amour et une grande espérance, on en demanda le secret à la crainte, à l'horreur, à la cruauté, aux plus vils désirs. Et, pour cela, on accumulait mille exigences, mille difficultés, le dégoût et l'épouvante. Il en résulte un détraquement de l'être, des lésions nerveuses, un trouble particulier, qui dégagent certaines énergies, créent en tout cas une atmosphère où peuvent éclore des événements monstrueux, tantôt mensongers, tantôt illusoires, tantôt prodigieux en effet, mais avec toujours quelques mensonges et quelques illusions.

« Crises de l'hystérie », prononce la Salpêtrière ; « satanisme et démonologie », affirme l'Église. Les deux écoles ont raison : il y a du démon partout où se trouve de la méchanceté et du mensonge, de l'hystérie dès que l'organisme est fêlé, en quelque sorte, par ces acides de l'âme. De toutes façons, le Paganisme triomphe, avec ses dieux, qui sont les forces de la nature en nous ou hors de nous, ce paganisme, pluraliste comme les instincts, anarchique et despotique, à la fois, comme les premiers gouvernements imposés à l'origine du monde. Le mot de « superstition » dit bien de quoi il s'agit, quand on le décompose étymologiquement : *super stare*, déchets, survivance, reste et vestiges... La sorcellerie est en effet tout cela ; elle se compose des miettes du banquet des dieux, qu'ont dérobées les démons.

Demon est deus inversus, a écrit Eliphas Levi. Le démon est un dieu renversé, ou inverti, ou bien oublié, affaibli, abandonné, un dieu mort, auquel a succédé son fantôme. La sorcellerie, qui use volontiers des fantômes des vivants et des fantômes des défunts, est, elle-même, un spectre, un spectre de science. Mais, si on décompose ce spectre comme celui d'une étoile, on y trouve le reflet d'étranges lumières et la trace des éléments composant la réalité, qui est au loin ou qui n'est plus.

Ainsi, peut-on comprendre l'utilité de ce chaos où se penchent de patients enquêteurs. « Il y a de l'or, s'écriait Leibnitz, dans le fumier de la scolastique. » On peut en dire autant de la sorcellerie, en comprenant qu'elle appartient à des cultes primitifs et naturalistes, qu'elle en est la continuation, l'image grimaçante, le dernier effort.

Nos lecteurs, qui s'édifieront aux notes prises par Mauchamp, sous la dictée des sorciers marocains, seront obligés de convenir que ces immolations d'animaux, ces cueillettes d'herbes, ce culte des étoiles, ces formules, que les Hébreux prirent à Babylone ou à Memphis, appartiennent au ritualisme de peuples, que n'avaient pas encore purifiés la notion du bien unique et la morale antipassionnelle et surnaturelle du Christ ; et ils admireront le jeune savant d'avoir consigné ces curiosités alarmantes avec tant d'impartialité, de courage et de soin.

VI

Quelques aphorismes, que je retrouve dans les notes du Dr Mauchamp, telles que le zèle de son père les a recueillies, nous révèlent bien mieux les arrière-pensées de l'Arabe au Maroc que les observations souvent superficielles de certains voyageurs trop pressés.

Les Talebs vantent l'hypocrisie, le mensonge, et s'inclinent devant la force brutale, victorieuse : l'hypocrisie, parce qu'elle simule la vertu ; le mensonge, parce qu'il est la transmission toute naturelle des faits dans le désert ; la force brutale, parce qu'elle a le dernier mot. Il est assez étrange de constater que l'Européen, — il sait trop mentir encore — est pourtant le seul capable de respecter la vérité et surtout d'en apprécier la valeur. L'Asie est fourbe. L'Afrique aussi. De vague de sable en vague de sable, dans le désert, l'évènement se propage avec une rapidité prodigieuse, qui rappelle la fougue turbulente du simoun ; mais, plus l'événement voyage, plus, comme la tempête, il emporte avec lui toute sorte d'éléments troubles et nouveaux, ramassés en route, — sans compter les mirages.

Aussi, être sur le qui-vive, voilà pour les Marocains la grande vertu.

« Aie confiance en tes amis et ferme ta porte », dit un ironique et sage proverbe de là-bas. Ou encore : « Le son ne devient jamais farine, l'ennemi ne devient jamais ami. » Pour les Arabes, le vol n'est pas une faute grave ; tout au plus une simple défaillance, dont un honnête homme peut souffrir, qu'un honnête homme doit pardonner. Les Marocains ont une jolie expression pour réhabiliter l'auteur d'une razzia : « Il a cherché le bien de Dieu sur sa route. »

Le fond de l'âme est profondément sensuel ; j'entends que la satisfaction est la grande affaire, qu'il n'existe pas, comme chez nous, un idéal de contrôle de soi, pouvant aller jusqu'à un certain amour de l'utile souffrance. La volupté est seule recherchée ; elle consiste dans les présents de la terre ou dans les ivresses de la chair.

« Trois choses effacent le chagrin, est-il remarqué, la vue de la verdure, la trouvaille de l'eau vive et la chair soyeuse des garçons et des filles. » Le grand châtiment, c'est la privation de l'amour physique. « Que les femmes me soient défendues si je mens ! » telle est l'exclamation souvent employée pour affirmer une conviction ébranlée.

Cela n'empêche pas une sorte de mysticisme, puisé dans la contemplation du désert. J'ai pour ma part parcouru les solitudes sablonneuses de l'Afrique, si différentes les unes des autres, quand il s'agit de l'Égypte ou de Biskra, de celles de la Syrie et de l'Arabie, de celles enfin de l'Inde. Le désert est multiple, autrement multiple que la mer. Il ne faut pas croire que ces étendues de sable, plus fertiles qu'on ne le supposerait, n'aient pas chacune leurs particularités.

A ce propos, Mauchamp a formulé des impressions aussi justes et pittoresques. Par exemple, il a noté ce qui caractérise le plus spécialement ces paysages de ciel et de sable : le silence et la couleur.

« Au désert, écrit-il, il n'existe dans l'espace sans bruit que des bêtes silencieuses : lézards, gerboises, scorpions. cérastes. Nature morte, muette, où il n'y a que de la couleur, — mais combien belle et variée ! — et des silhouettes. »

Goûtez cette jolie évocation de la nuit qui envahit ces immensités graves.

« Le campement au désert s'endort le soir parmi les vastes obscurités, avec tout autour l'étendue, cachée par le voile des ténèbres ; et pas un cri d'insecte, pas un frisson, rien que l'angoisse du silence, le tragique repos... »

Il a compris le dédoublement qui s'opère quand on s'habitue à ces silences, à ces couleurs, à cet air voluptueux « où l'on respire facilement, où l'on regarde sans fatigue, où l'on rêve sans nerfs, loin des horizons étroits qui compriment l'âme. On y garde son cerveau de civilisé, tandis que le corps et le cœur reviennent aux primitives sensations : l'être se dédouble ainsi que l'esprit, jouissance forte où l'on défaille d'une heureuse, fiévreuse, passionnée, active langueur ».

Dès lors, il en déduit ce quiétisme particulier à l'Islam, et qui alterne avec des fantasias extraordinaires et de tous genres. « Les pieux musulmans, remarque le savant européen, les mystiques de l'Islam enveloppent leur âme d'un subtil et doux linceul de quiétude berceuse..., suaire d'anéantissement confiant et calme, d'où ils sortent parfois pour une violente convulsion de fanatisme. C'est une mort vivante, une vie faite de mort spirituelle, de goût pour la mort, d'ardeur vers la mort. »

L'observation est pénétrante. Il faut d'ailleurs chercher dans la patrie et dans les horizons habituels le secret de la race. Le désert explique l'Arabe, l'âme du Marocain est plus complexe à cause d'un pays plus divers, avec beaucoup de forêts, de ruisseaux, de montagnes, de vieilles cités, témoins encore survivants de civilisations abolies.

« L'Arabe se consume dans l'attente patiente, les affolements, les béatitudes où le temps s'écoule. C'est une volupté passive. »

« L'expérience, décrète un proverbe, est la meilleure résignation. »

Ajoutez à ces dépressions, que suivent des exaltations brèves, la misère physiologique, conséquence d'une régression vers l'état sauvage.

Mauchamp s'en étonne un peu, surtout à cause de l'existence saine, au grand air, au milieu des sereines merveilles et des grands espaces lucides. Tant de joie et de lumière lui semblent incompatibles avec les tares qu'il découvre chez les Bédouins. C'est que l'âme, chez eux, s'est abaissée. Et il constate la dégradation d'un peuple fatigué, à la pauvreté sale, et que les privations abêtissent.

« Les appétits violents, écrit-il, les instincts dangereux de ces brutes, de ces farouches indomptés, les déciment par le fer et par le feu. »

En effet, — et je crois l'avoir déjà dit au cours de cette étude, — il n'est pire décadence que celle d'une très grande et très belle civilisation. L'Islam, ou plutôt les mœurs et l'éducation qui en ont résulté, furent un progrès considérable sur l'idolâtrie et l'animalité, où se confinaient ces peuplades avant Mahomet. Encore eurent-elles, à une époque assez éloignée, qu'on peut appeler celle d'Antar, un éclat qui étonnerait aujourd'hui cette race dégénérée. Mais l'Islam a porté son fruit ; aujourd'hui il ne renferme plus que cendres. A moins d'une renaissance imprévue, qui peut trouver dans le Coran, mais là seulement, son origine, l'Afrique septentrionale retomberait à la plus basse sauvagerie, si l'influence de l'Europe et particulièrement de la France ne lui fournissait pas une nouvelle sève. Notre méthode de travail, nos libertés de pensée, notre opiniâtreté à empêcher les empiétements du rêve, le sentiment de la dignité humaine, notre force qui n'exclut pas une certaine modération quand elle s'exerce envers les faibles, sont des germes de régénération. Germes beaucoup plus efficaces que nos perfectionnements matériels, souvent inutiles, et dont l'existence de ces nomades pourrait continuer à faire fi, sans rien perdre pour cela, au contraire en y gagnant ! Que dis-je? Nous pouvons, nous autres, Européens, au contact de ces existences simples, ou plutôt simplifiées, recueillir des leçons utiles et des exemples féconds.

Si Émile Mauchamp n'épargne pas au Maroc rétrograde d'âpres critiques, il ne sait contenir une admiration presque lyrique pour les Bédouins de la grande Arabie. Au cours d'un voyage au Sinaï et dans l'Arabie Pétrée, il célèbre la fierté naturelle, la noblesse, le haut degré de civilisation de ces prétendus « barbares ».

« Et puis vraiment au point de vue de la civilisation *sociale*, avons-nous quelque chose à leur donner de meilleur que ce qu'ils possèdent? Et ne serait-ce pas plutôt à nous de les copier dans bien des points?

« Qu'on en juge en comparant au nôtre, leur état social si ancien déjà.

« Une tribu de grands Bédouins offre l'image très simplifiée quoique très exactement réalisée de la parfaite République où les trois mots superbes, qui symbolisent l'idéal de la nôtre, répondent chez eux à des réalités certaines.

« *L'Égalité* est absolue. Les Cheiks que les Bédouins se donnent ont une mission très restreinte : ils servent d'intermédiaires entre la tribu et les tribus voisines, mais ne prennent d'engagements qu'après entente avec le conseil composé de... tous ceux qui y veulent prendre part ; ils prennent le commandement militaire des razzias et des expéditions ; ils rendent la justice avec une équité d'autant plus sûre qu'ils connaissent les comparants et tous les détails très simples de leur cause, qu'ils n'ont pas à s'embarrasser dans les fouillis de la procédure, à interpréter des règles de droit, et qu'ils ne s'inquiètent que des considérations de fait. En dehors de l'exercice de cette triple attribution, ils sont les égaux de leurs *administrés* et ont pour tout apanage de puissance une tente un peu plus grande que les autres. Les Bédouins discutent avec eux d'égal à égal ; mais comme les Cheiks s'arrangent de façon à être toujours justes, impartiaux et de bon conseil, ils entraînent généralement la confiance de leurs frères qui se rendent, après des discussions bruyantes parfois et animées, à leurs bonnes raisons.

« *La Liberté !* mais c'est toute l'existence des Bédouins, la condition même de cette existence ! Et comme ces gens frustes n'ont pas même une idée bien nette d'une divinité et qu'ils n'accomplissent guère les prescriptions liturgiques d'une religion dont ils n'ont qu'une conception lointaine, ils ne prennent généralement conseil que de leur instinct et de leur goût dans les actes ordinaires de leur vie.

« *La Fraternité* enfin est si bien dans leurs mœurs que tout ce qu'un Arabe peut gagner, récolter ou trouver n'est pas plus à lui qu'à son voisin et que chacun peut, non pas exiger

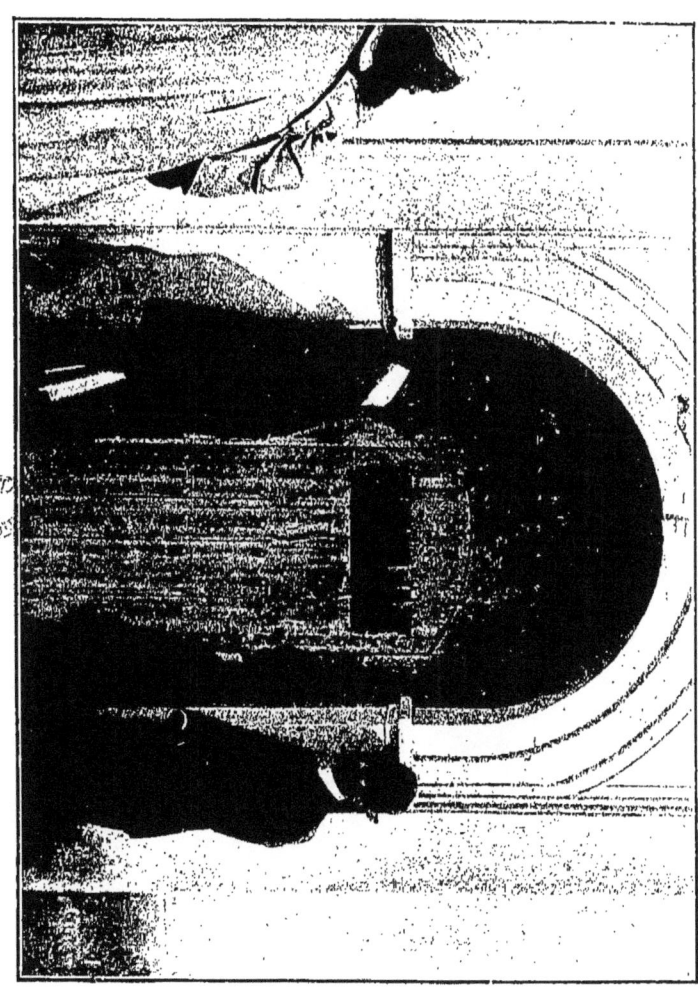

La porte de la maison du Dr Mauchamp après le pillage.

— ce n'est jamais nécessaire — mais très simplement partager avec lui ! (1). »

Après un tel éloge des Musulmans et des Arabes, que la corruption n'a pas atteints, on ne saurait accuser le Dr Mauchamp de méconnaître le génie de cette race et la grandeur antique de l'Islam. Le Maroc est malheureusement bien différent de cette péninsule farouche, loyale et altière. Les Bédouins de la Grande-Arabie secoueront longtemps tout joug étranger, parce que ce joug ne saurait leur être utile et qu'il répugne à leur naturel indépendant et à leurs vertus primitives. De fond en comble, le Maroc, pauvre ou redevenu barbare (je le disais au début) doit être transformé et régénéré par la France. Non seulement ses richesses terriennes doivent être révélées et exploitées ; mais il faut, par l'éducation et par la science, refaire à ce peuple une personnalité morale.

Mauchamp avait, parmi ses notes personnelles, enregistré cette observation de Jean Pommerol, femme vaillante, écrivain perspicace : « L'intelligence musulmane, assure-t-elle, est plus intuitive que compréhensive, plus rouée que vraiment habile, plus patiente que persévérante, plus vaniteuse que fière, plus indomptée que solide dans les revers du malheur. » Et notre ami confirme cette

(1) *Bulletin de la Société des sciences de Saône-et-Loire* (juillet 1903).

critique en une phrase synthétique: « L'Arabe est un peuple rusé, fier et sauvage, tremblant parfois, nerveux toujours ».

Il en est ainsi parce que, avec les splendeurs anciennes de l'Islam, les qualités individuelles ont décru.

Dans un de ses livres, Roosevelt a développé cette idée à la fois ingénieuse et exacte, « l'expropriation des races incompétentes. » Cette formule permet, je le crains, certains abus de la conquête et consacre la suprématie du plus fort. Néanmoins, s'il s'agit d'une simple collaboration, et si, à l'indigène « incompétent » en effet et débilité, sont apportés un réconfort, une aide, si on s'efforce de l'arracher à son infériorité et de l'entraîner peu à peu à défendre ses propres intérêts, et à gérer ses affaires pour le mieux de son pays et des autres contrées, notre immixtion en Afrique devient légitime, nécessaire même.

La mort du Dr Mauchamp obligea notre diplomatie, parfois peut-être trop prudente, à agir plus énergiquement dans un sens d'occupation ou d'incursion militaire. Elle démontre aussi — le coup d'Agadir n'est-il pas la confirmation des craintes de notre ami? — qu'une autre puissance redoutable cherche depuis longtemps à s'implanter dans le Maroc méridional.

Bref, ce livre, par lequel la déchéance marocaine éclate aux yeux avec toute sa réelle et sincère hideur, peut hâter le secours moral, qu'il nous convient de porter à ce peuple. Il faudra en être reconnaissant deux fois au héros et au savant. Il ne suffit pas d'apporter au Maroc des obus et des soldats, il faut y créer des hôpitaux et des écoles! Voilà la véritable pénétration pacifique, celle que nous devons accomplir jusqu'au bout et qui est dans la véritable tradition de la France.

Jules Bois.

INTRODUCTION

LA
SORCELLERIE AU MAROC

INTRODUCTION

LES RAISONS HUMANITAIRES DE L'INTERVENTION EUROPÉENNE AU MAROC. — PSYCHOLOGIE DU MAROCAIN : L'ARABE, LE JUIF. — MENTALITÉ GÉNÉRALE. — RELIGIOSITÉ. — SUPERSTITION. — DIABLERIE.

. . . .
. . . .

Je pense qu'à une étude raisonnée sur l'hygiène pratique il faudrait comme préface un aperçu documentaire des erreurs populaires, c'est à dire montrer le mal avant d'envisager le remède.

Aussi bien, si l'on connaît les fondations profondes du redoutable édifice de l'erreur et ses assises légendaires sur lesquelles le temps et le progrès ont si peu de prises, n'est-il pas inutile de saisir, dans leur détail, la valeur des matériaux innombrables et divers qui le font encore si solide et si résistant ?

Il n'est pas possible — ceux qui se sont heurtés à ce mur inerte le savent bien — de *faire s'écrouler*, d'anéantir d'un seul coup la forteresse de l'ignorance.

C'est donc en s'attachant à rechercher, à reconnaître chacune des pièces qui composent cette masse bardée d'entêtement stupide, d'obstination grossière, de veulerie et d'indifférence aussi, qu'on pourra patiemment, pierre par pierre, désagréger peu à peu ce monument des autres âges, et, en substituant au fur et à mesure aux mauvais matériaux les bons, réaliser parallèlement la démolition lente du vieux bastion aux préjugés et l'édification persévérante et sûre du grand et salutaire édifice de l'hygiène populaire moderne.

Comment réussirait-on dans cette œuvre de santé publique, d'assainissement physique et aussi moral, si l'on ne connaissait, par le détail, les forces de la routine qu'il s'agit de combattre et d'anéantir?...

Ce n'est d'ailleurs pas autrement qu'on a procédé et qu'on procède encore en Europe lorsque, par tous les moyens de propagande, à l'école, à l'hôpital, au dispensaire, on fait pénétrer dans le public les données saines de l'hygiène pratique.

A chaque petite victoire de la raison et de la science, correspond l'effondrement d'une vieille erreur; à chaque progrès qui s'affirme, c'est un préjugé qui sombre. La substitution est lente, mais elle est sûre.

Duel quotidien, que le médecin, l'instituteur, soucieux de faire triompher l'hygiène, doivent soutenir contre l'ennemi millénaire. Lutte intéressante, lutte féconde, où le bon combattant s'enthousiasme pour le bien qu'il fait et s'enorgueillit d'autant plus de ses obscures victoires qu'elles sont plus difficiles.

. . . .
. . . .

Le Maroc, expression géographique, dont on ignore la géographie, empire dont les populations méconnaissent le souverain, pays encore nu et fermé qui craint l'indiscrétion et pourtant force l'opinion publique, est bien pourtant une réalité, dont chacun s'applique à découvrir le fond et les contours...

Les gens de ce pays, surtout ceux qui touchent au gouvernement, ont l'effroi et le mépris du chrétien ; ce qui, joint à l'orgueil musulman compliqué de religion, les écarte de nous. Tout y contribue à cette mésentente ; tout, jusqu'à leur conception de la vie, jusqu'à la conception de l'au delà après la mort. — Ce sont des âmes repliées, sur lesquelles la persuasion s'émousse.

L'administration marocaine se distingue surtout par une veulerie irrésistible en ce qui concerne tout effort d'amélioration, et par des habiletés compliquées et lentes, employées à user les énergies des opposants et à maintenir le semblant du pouvoir.

Au Maroc, la nature — qu'on qualifie volontiers d'immuable — paraît avoir changé bien davantage, subi plus de modifications, à travers les siècles, que l'homme — cet être pourtant instable et mobile — que les mœurs du pays, que la psychologie de ses habitants, dont la manière d'être paraît être cristallisée depuis plusieurs siècles.

En regardant attentivement les Marocains d'aujourd'hui, on peut lire à livre ouvert le passé obscur de ce peuple appesanti, si peu impressionné par l'influence des âges qui ont passé sur lui sans presque le modifier, sans atteindre son âme surannée, sans la troubler dans son archaïsme réfractaire. Les phénomènes, extérieurs à l'homme, qui l'entourent et qui ne vivent pas, ont varié, le décor s'est transformé, — l'homme est resté figé.

C'est ainsi qu'il paraît bien, si l'on se reporte aux relations des anciens voyageurs, que le sol, le climat, l'atmosphère se sont modifiés avec le temps, ne permettant plus aujourd'hui, par exemple, les cultures du coton et de la canne à sucre, qui florissaient autrefois sur la terre du Maghreb. Or, tandis que cette lente évolution s'est accomplie dans le milieu qui s'est adapté patiemment à de nouvelles exigences climatériques, le Marocain n'a pas évolué parallèlement aux progrès des autres peuples, ne s'est pas adapté aux conditions sociales nouvelles, qui ont si profondément modifié la vie des nations et l'esprit des individus. Rien n'a pu pénétrer son âme close, retranchée derrière les remparts vétustes de ses croyances. Tout ce monde existe et végète à l'écart des temps, sans que la civilisation, qui heurte pourtant les vieilles murailles farouches et jalouses de garder leur vétusté, ne lui apporte autre chose que sa rumeur. Ce monde fermé, qui vit en marge de l'Europe rayonnante, ce peuple hermétique souffre pourtant de sa lassitude et de sa misère, mais refuse le secours de ses voisins chrétiens. Entêtement de prisonniers obstinés dans leur cachot et qui repoussent la liberté, la santé, la lumière et l'aisance. Rêverie reculée de plusieurs siècles, obstination de fanatiques, parti pris d'un pantin caduc et désarticulé qui refuse la réparation de l'ouvrier. Les Marocains végètent, superfétatifs et désuets, dans une atmosphère rétrograde, épave d'âges finis et de croyances démodées.

Mais cette *imperméabilité* ne peut être éternelle : trop d'influences aujourd'hui sollicitent le Marocain, trop d'exigences s'imposent, qui ne lui permettent plus de se retrancher de l'évolution subie par toute l'humanité ; sa situation presque européenne lui défend un huis clos plus prolongé, un dédaigneux, un orgueilleux isolement.

Aussi peu plastique que soit la neutralité du Marocain, la civilisation et la science finiront quand même par l'impressionner, par le pénétrer, par le façonner. De toute façon il faudra qu'il subisse cette éducation, cette correction psychologique, même en inertie, en attendant qu'il y participe de bonne grâce. Car le temps des fantômes et des rêves du passé n'est plus. L'énergie, dans toutes les manifestations de l'existence sociale, soumet les hommes à son empire. Aujourd'hui on demande à chacun de faire de la vie une œuvre qui profite. La contemplation stérile et vaine n'est plus permise à ceux qui entrent malgré eux dans l'engrenage du monde moderne : il faut de l'action par chacun pour contribuer au bonheur solidaire de tous.

Aux peuples qui vivent encore d'une âme hésitante et inquiète, immobile et inutile, il faut imposer une école d'énergie et leur montrer que le songe n'a pas de valeur, que la fascination qu'il donne est stérile, et qu'ils doivent, coûte que coûte entrer dans la réalité. Leur essor est indispensable aux autres. Il n'y a plus de place sous les cieux vastes, sur la terre trop petite, pour les peuples et les gens inutiles.

Ce n'est pas une oppression qu'on veut leur imposer, mais une contribution qu'on leur demande, une participation à l'effort collectif vers le mieux. La solidarité n'est plus nationale, elle est humaine : chacun profitant des bienfaits du progrès commun, personne n'a le droit de se dispenser d'y contribuer.

. . . .

« En thèse générale, dit Daniel Saurin, (*Psychologie superflue* — Dépêche marocaine — 7 octobre 1906) la psychologie doit intervenir le moins possible dans l'étude réellement pratique du Maroc et de ses habitants. La politique locale, dont nous nous fatiguons souvent à deviner la complexité, n'est jamais qu'une politique très simple, inspirée de sentiments très primitifs. Elle est surtout silencieuse parce qu'elle n'a rien à dire et tout son mystère ne dissimule guère que son néant. Si l'on excepte ceux que notre civilisation a déjà séduits et contaminés, qui seront, bon gré mal gré, les bénéficiaires et les complices de notre action, nous aurons fait le tour complet de l'âme d'un Marocain en tournant deux ou trois fois de son ventre à son dos. Le dos courbé, le ventre vide ou plein ; point n'est besoin d'une autopsie morale pour deviner le reste. »

Selon les mystères de la sainte cabale : celui qui en s'asseyant au hasard, se trouve vers le midi est un faux ami ; vers l'orient, un avare ; vers l'occident, un calomniateur ; vers le nord, un envieux et un hypocrite ! Je crains bien qu'au Maroc beaucoup de gens ne se trouvent ainsi orientés à la fois par quelque mystère d'ubiquité, vers les quatre points cardinaux.

Tel est le caractère des Arabes ; quant à leur tempérament c'est celui d'un peuple excessivement impressionnable, vibrant, passionné, sous son aspect de langueur et d'indifférence. Sensible au plus haut degré à la musique, au bruit, ému à l'extrême par la mélodie, le rythme, qui s'adressent plus aux nerfs qu'à l'intelligence, l'Arabe est un nerveux et devient très facilement un neurasthénique, un névrosé. L'érotisme et la musique sont les deux grands leviers qui le font vibrer. *L'Arabe est un voluptueux*, c'est un Oriental, un Sémite : parfums, musique, festins, flâneries, esclaves ; tout n'est que volupté et horreur de l'effort. Aussi sa philosophie est-elle essentiellement optimiste ; cette mentalité engendre chez l'Arabe le stoïcisme.

Le Sémite, dont la mollesse et la lassitude se traduisent

en faiblesse et en indécision, ne sort de l'apathie que lui cause la surcharge du poids de sa race vieillie, que pour les vigueurs brèves et bruyantes de la fantasia chez l'Arabe des plaines — réminiscences ataviques et courtes des ardeurs mâles des anciens conquérants sarrazins — ou pour les patients et âpres efforts du négoce, les tenaces et astucieuses luttes pour le gain chez l'Israélite marocain.

Décadence formelle et inéluctable de la race sémitique que le fatalisme de l'Islam précipite chez l'Arabe, que retient chez le Juif le sens d'être le peuple élu, la certitude aveuglément confiante qu'il a de l'avenir messianique, la foi en Iaveh Sabaoth qui réserve à son peuple un triomphe futur... lequel depuis si longtemps tarde et s'éloigne toujours.

Opposition tranchée malgré les affinités consenties, contraste formidable, en dépit des destinées parallèles, entre les deux souches sœurs. Le Juif du Ghetto — fanatique déterminé mais dissimulé, subjugué mais non acceptant, — exagère sa faiblesse, enfouit son orgueil irréductible dans le même coffre sordide, où il cache avec le même soin les monnaies inlassablement acquises; il supporte en souriant toutes les avanies, abdique tout amour-propre, l'esprit tendu uniquement vers le but mercantile, s'abstrayant froidement de toutes les contingences hostiles qui n'atteignent pas la bourse.

L'Arabe souffre et vit d'orgueil, orgueil religieux seulement chez le Juif, orgueil plus complexe chez l'Arabe marocain, qui ne saurait vraiment pas justifier la passagère splendeur de la civilisation mauresque si totalement sombrée. L'Arabe l'affiche, cet orgueil, l'exalte, le traîne dans son vêtement comme sur sa physionomie ; seulement il le replie comme il peut en se faisant violence, au contact subi de l'Européen qu'il hait et qu'il redoute, tandis qu'il l'étale, par compensation, dans toute sa hautaine affectation, au regard du Juif qu'il méprise, mais dont il ne peut se passer. Façade qui n'abuse personne. L'Arabe indolent et arrogant parade, se drape, se paie d'airs nobles, mais il meurt de faim — quand les fonctions du Maghzen ne l'engraissent point — tandis que le Juif minable, sordide et sale, se bourre jusqu'à la pléthore de viandes et d'alcool.

Autre différence bien tranchée : le Juif ignore totalement les délicatesses d'imagination, la sensitivité de l'Arabe. Il n'est que pratique. Les raffinements de sensualité n'existent pas pour lui ; tout le laisse impassible : poésie, musique, beautés naturelles... et injures. Il n'a pas la moindre imagination artistique ; toutes ses facultés sont tendues vers le but pratique de la vie matérielle, ses jouissances ne sont que positives. Il n'est jamais un affiné, un dilettante, un délicat. Il aime la chair abondante à table et au lit et en use grossièrement, car il recherche la satiété et satisfait son goût, son désir, son appétit sans préparation lente, préalable : c'est un goinfre, un gourmand, jamais un gourmet.

Ressemblances, affinités, quand même persistantes

des races sœurs : l'Arabe lui aussi sait pratiquer à merveille l'hypocrisie et le mensonge. (Je ne parle pas du Berbère simple et droit, audacieux et brutal, dont la psychologie est aussi éloignée de celle de l'Arabe que le sont, l'une de l'autre, celles d'un Scandinave et d'un Latin. Nous ne parlons là que du montagnard berbère demeuré loin du contact des villes et soustrait surtout à l'atmosphère démoralisante du monde arabe, où d'ailleurs souvent il ne s'adapte pas malgré un séjour prolongé. — Évidemment les Chleuhs des environs de Tanger et de Tétouan ont déjà dévié leur mentalité vers le brigandage, où les vicissitudes du pays et les tentations qu'il offre les ont conduits. — Le Berbère se rencontre avec la pureté de ses traditions et de sa vigueur dans les montagnes de l'Atlas où il reste lointain, méfiant et barbare à la façon des montagnards de tous les pays qui n'ont guère de contact avec les plaines amollissantes). L'Arabe, lui, sait offrir le sourire onctueux qui promet faussement la sympathie, affirmer contre toute évidence son amitié fraternelle. Il a appris la dissimulation des paroles mielleuses et des gestes empressés ; et cela à un tel point qu'on a pu dire (Erkhmann) : le mensonge au Maroc est une *institution*, on ne dit la vérité que lorsque l'intérêt y oblige : mensonge de politesse, d'habileté, mensonge d'éducation, de naissance, mensonge national : c'est un drapeau ! Aucune contrainte n'astreignant plus l'Arabe du Maroc dominateur et conquérant qui se repose des efforts de l'antique invasion, l'habileté est devenue fausseté chez

Le jardin du Dr Mauchamp après le pillage.

lui, et il a oublié ces belles et fortes vertus de vaillance et de bonne foi qui furent l'apanage et la gloire de ses rudes ancêtres, vertus qu'on retrouve si vivaces chez le Bédouin d'Arabie. La déchéance est telle, en ce qui concerne les antiques traditions de loyauté, qu'on a coutume au Maroc, de faire plus confiance à la parole d'un Juif — chez qui du moins la peur assure la probité — qu'à celle d'un Arabe, surtout s'il est un notable ou un fonctionnaire.

Et si tel est le niveau mental et moral du Marocain, on s'imagine ce que peut être la Marocaine.

La raison et l'activité appartiennent à l'homme évidemment, le sentiment à la femme qui doit contribuer à faire prévaloir la sociabilité sur la brutalité ; les femmes doivent tempérer par l'affection le règne de la force. La vie publique reviendrait donc à l'homme tandis que l'existence de la femme serait essentiellement domestique. Mahomet l'a compris en confinant celle-ci dans son intérieur ; mais ses interprètes, et ses continuateurs ont exagéré la pensée du prophète, au point de restreindre le rôle de la femme à la pure animalité.

Les femmes turques, qui commencent à s'évader de la vieille tradition du harem, sans espace, sans air, sans lumière, du harem-cellule clos et lugubre, de l'internement perpétuel, souffrent aujourd'hui de cette affreuse destinée et aspirent à participer à l'évolution vers l'émancipation féminine ; elles ont pris conscience d'elles-mêmes, elles s'instruisent et s'éduquent, elles sentent toute l'horreur de leur existence vide. Le jour est proche, où ces créatures, qui réclament déjà et protestent, briseront le joug qui abaisse leur pensée et les démoralise... Mais nous sommes loin de là au Maroc, où la femme, en retard de plusieurs siècles, ne conçoit l'émancipation que dans la prostitution et se renferme, plus que ne l'exigent parfois les hommes, dans les étroites conventions et les superstitions des ancêtres. Ces créatures sont toutes matérielles. Cependant, dans leur ignorante bestialité, on ne peut pas dire qu'elles soient malheureuses : elles n'ont pas de désirs et ne souffrent pas de leur ignominie. Elles ignorent la nostalgie de la liberté et les aspirations morales de leurs sœurs de Turquie : leurs âmes dorment. Au Maroc, la femme arabe est réduite à la passivité des choses.

Ces réserves faites, il reste que les traits de cette analyse sont conformes à la réalité la plus fréquente et s'appliquent à la foule, à la collectivité, telle qu'elle révèle sa mentalité dans les manifestations ordinaires où nous la pouvons apprécier. C'est ainsi qu'ils désignent, en toute exactitude, la plupart des individus pris séparément ; les observateurs attentifs et patients du Maroc sauront les retrouver le plus souvent et les noter sous une formule identique dans le résumé synthétique qu'ils feront de leurs observations ; car, plus que partout ailleurs, l'individu est ici étroitement solidaire de l'ensemble.

Quelques-unes de ces touches d'esquisse, que nous

avons jetées pour essayer de camper l'Arabe du Maghreb, peuvent, en ce qui concerne la tenue générale de la mentalité, s'adapter également au Juif marocain qui vit dans une atmosphère d'ensemble identique ; mais, s'il existe des traits communs entre ces communs habitants d'un même pays, on peut s'attendre, étant donné l'évolution si diverse de ces deux branches d'une même race, à trouver des dissemblances bien tranchées entre eux.

Le Juif marocain, en effet, isole sa timidité et ses terreurs ataviques derrière les murs de ses mellahs, de même qu'il garde, avec un soin farouche, mais tremblant, ses synagogues et ses coutumes du contact impur et de l'influence pernicieuse des Musulmans autant que des Chrétiens. Traditionnaliste aussi forcené que l'Arabe, orgueilleux de sa race et de son culte, autant, sinon plus, que ce dernier, il dissimule bien plus entièrement que lui, ce sentiment, que semblent démentir pour l'observateur superficiel son accueil d'empressement souriant et cauteleux, toute son attitude d'humilité courbée, qui s'exagère trop souvent jusqu'au consentement de la plus basse abjection.

Néanmoins, la condition d'infériorité sociale, où furent toujours maintenus les Juifs au Maroc, et qui est la seule excuse de cet avilissement du caractère, n'empêche plus aujourd'hui beaucoup d'entre eux de s'évader, autant qu'ils le peuvent, de la servitude morale qui les courbe encore et les assujettit. Il en va ainsi pour les villes de la côte, où les écoles et le contact des Européens les ont singulièrement relevés à leurs propres yeux et même aux yeux des Arabes. Mais que dire des Mellahs archaïques, comme celui de Marrakech par exemple, où quelques rares Israélites importés du littoral font une tache heureuse mais trop discrète parmi la population honteusement attardée et grossière des Juifs qui s'y serrent dans une promiscuité et une malpropreté répugnantes ? Et que dire des Mellahs campagnards de l'intérieur, vers l'Atlas (1), où la plus vile abjection distingue ces malheureux qui se soumettent à toutes les vilenies, à toutes les brutalités, à toutes les exactions, acceptent même l'état d'esclavage — comme dans certaines régions berbères — plutôt que de tenter d'échapper à une misère sociale, à une déchéance morale dont il semble en vérité qu'ils ne sentent pas la lamentable honte ! Que penser surtout des Israélites plus éclairés, qui professent au Maroc l'obscurantisme et qui ne font rien, bien au contraire, pour favoriser, dans la masse servile et abjecte de leurs coréligionnaires, les efforts de santé morale, de

---

(1) Notons néanmoins qu'on rencontre au Souss et dans l'Atlas des tribus juives, sans doute installées là avant la conquête arabe, dont la mentalité est totalement opposée à celle de la masse de leurs coréligionnaires. Ces groupements participent entièrement à toute l'existence des tribus berbères avec lesquelles ils sont presque confondus ; les hommes sont armés, se lèvent pour la défense du sol ou pour la razzia avec la même vaillance que les Arabes dont ils partagent l'existence ; ils ne sont pas méprisés, au contraire et les Arabes les estiment et les redoutent à l'égal des leurs.

dignité et de progrès, que veulent y apporter les écoles de l'Alliance universelle !

Il est vrai de dire aussi que l'assimilation progressive des Israélites dans les villes et dans les milieux les plus favorisés se borne trop souvent à des apparences tout extérieures, costumes, allures, langage, mais que la mentalité ne suit pas en conscience cette évolution favorable et garde dans l'intimité de ses fibres la tradition grossière dont elle a été nourrie. La grande majorité reste fidèlement et profondément attachée aux formes surannées d'un rite étroit et mesquin, aux croyances et aux préjugés absurdes d'une foi qui remonte aux âges révolus de barbarie primitive et de ténèbres. Beaucoup affectent l'élégance de participer, quant aux formes extérieures, aux légères et inconsistantes apparences de la civilisation européenne, qui tente de les attirer, de les assimiler, de les relever ; mais l'âme reste hostile et close trop souvent, et l'on peut dire qu'à l'intérieur du pays du moins, et bien qu'il s'en défende, le fanatisme hébreu l'emporte sur le fanatisme musulman. Ce n'est plus de la foi d'ailleurs ; c'est un attachement aveugle à des pratiques ridicules le plus souvent, coupables parfois : le diable joue dans leur religiosité un rôle bien plus grand que la divinité, et le sorcier jouit au Mellah d'un prestige et d'un crédit autrement marqués que le rabbin.

Quant à la femme juive, dont l'esprit, sinon l'intelligence, est rendu moins obtus, moins puéril que chez la femme arabe, grâce à la part plus active qu'elle prend à l'existence commune, elle n'en est pas moins enténébrée de préjugés et de croyances ridicules, que seule l'ignorance absolue où elle végète peut entretenir. — Il est vrai que l'homme, même celui de situation sociale favorisée, est enclin aux mêmes superstitions grossières.

— L'existence patriarcale des Israélites permet plus d'intimité, une fusion plus accentuée des membres de la famille dans la vie du foyer. La femme juive est moins tenue à distance, quoique l'homme reste toujours le maître despotique et autoritaire, et que la condition féminine, en tant que personnalité, ne soit pas fort relevée. Comme chez les Arabes, la polygamie est admise ; et le divorce, dont l'homme seul dispose, marque bien que la femme israélite au Maroc n'a pas évolué vers la conquête de l'émancipation beaucoup plus que ses aïeules du temps de Jacob !

Par contre, si la moralité n'est pas aussi relevée qu'on pourrait le souhaiter, du moins les apparences sont mieux gardées que chez les Arabes, ce qui tient peut-être à l'obligation censurante de la vie en commun, toutes portes ouvertes, de la population israélite qui s'observe sans bienveillance et se critique sans charité.

. . . .

Dans tout le Maroc, une des causes les plus efficientes de la dégradation morale, qu'il s'agisse de Juifs ou d'Arabes, est l'ignorance, où croupit la population, l'absence de toute œuvre spontanée d'instruction et d'éducation — abstraction faite des tentatives récentes venues d'Europe et dont il est à désirer qu'aucune intention confessionnelle ne vienne amoindrir ou détourner la portée.— On se confine, pour la morale et l'encyclopédie des connaissances, dans le Talmud ou dans le Coran, livres vieillis et surannés, conçus pour les peuples frustes des âges depuis longtemps révolus. Le *Livre*, formulaire des primitives superstitions, recueil non revu, non corrigé, des préjugés des siècles de naïve ignorance, voilà en un seul volume toute la bibliothèque scientifique et morale, où l'intelligence et l'esprit puisent leur pâture, en dehors des affaires et des médiocres soucis de l'existence. Loin de tenir ces recueils intangibles au courant de l'évolution humaine, les professeurs d'obscurantisme, rabbins et talebs, qui en détiennent le commentaire et l'interprétation, tendent plutôt à en éliminer les belles abstractions philosophiques, pour n'en retenir que ce qui flatte le plus les passions et les intérêts des foules; ils éteignent ainsi les aspirations possibles d'idéal et les intuitions vers le mieux moral et le progrès matériel…

Philosophie d'acceptation et d'abaissement, destructive d'effort et d'énergie, voilà ce que deviennent les vieilles doctrines religieuses, remaniées, réadaptées, retouchées, entre les mains de ceux qui ont intérêt à en dévier les tendances primitivement de haute moralité et de réconfortante aspiration : byzantinisme en Russie, fanatisme catholique en Espagne et en Bretagne, mosaïsme chez les Juifs agglomérés dans les pays de servage, Islamisme des États autocratiques musulmans. Les réactions réformatrices, régénératrices, soucieuses de conformer les morales et les religions aux nécessités du modernisme ont seules sauvé leurs adeptes de la déchéance et de la faiblesse, comme le Protestantisme chez les Catholiques, l'adaptation des Israélites européens aux coutumes de la civilisation, les tentatives des Ouahabites qui soulèvent si gravement en ce moment l'Arabie contre la grande monarchie musulmane des Osmanides.

. . . .

Ainsi l'on se contente au Maroc des écoles talmudiques et des écoles coraniques ; l'on se borne à y faire apprendre par cœur aux enfants des textes symboliques, obscurcis, dont ils ne comprennent pas plus le sens profond que la plupart de ceux qui les leur enseignent. Ces bambins troublent là leur lucidité native, atrophient leurs moyens intellectuels, en subissant le dressage abêtissant de passivité mentale qu'on leur impose. Entassés dans des salles étroites et puantes, les élèves ânonnent à tue-tête dans une cacophonie abrutissante, des versets détachés, auxquels la séparation de l'ensemble enlève tout sens. Accroupis en tas, ces disciples inconscients des rabbins et des talebs, dont la suffisance d'être l'élite n'égale que l'ahurissement d'avoir emmagasiné dans leur mémoire tant de phrases baroques où ils n'ont rien compris, ces jeunes étudiants, qui constituent l'espoir du Maroc, exercent à qui mieux mieux la puissance bruyante de leur larynx en balançant, au rythme des mots vides, leur corps et leur tête, à la façon des ours qu'on affriande.

Et c'est à cela que se borne toute instruction et toute éducation ! Pour l'orgueil de leurs proches comme pour la vanité de leurs personnes étrangement abusés sur la valeur de leurs acquisitions mnémotechniques, ces élèves deviennent, eux aussi, des talebs, des rabbins, des savants. Quelques-uns approfondissent un peu plus les textes contournés ; et, plus intelligents, plus avisés, ils s'assimilent les grimoires démarqués, où résident les secrets vétustes des philosophies désuètes, des sciences falotes, des médecines puériles ; ils deviennent des guérisseurs, des malins, des sorciers, des omniscients.

. . . .

Le sorcier pérore, explique, suggère ; il détient les secrets de la terre, il pénètre les arcanes du ciel et de l'enfer. Il en dispose, il dispense aussi les sorts et les contre-sorts ; il est le complice des attentats occultes, mais il est aussi le défenseur de l'humanité contre les diables coalisés, il trouve les trésors enfouis... qu'il partage. Il diagnostique et guérit les maladies. — Pour faire passer le tout, il garde une attitude un peu lointaine, un peu étrange, qui confirme les naïfs dans la sérénité exceptionnelle de son esprit et dans la formidable puissance de son pouvoir.

Il pose, il domine et surtout il défend ses prérogatives contre les étrangers qui le viennent concurrencer. Il soutient sa science traditionnelle et mystérieuse contre la science indiscrète, trop claire, trop simple, des médecins *nosrani* qu'il accuse d'incapacité et parfois de très noirs desseins. Il trouve des collaborateurs en des aventuriers se disant Européens, venus ici pour exploiter honteusement l'ignorance et la crédulité des indigènes. Par cupidité et par haine des nations civilisatrices qui troublent leur industrie douteuse, ces malfaisants se font consciemment, froidement, les complices des barbares fanatiques en donnant aux pires et aux stupides calomnies la force péremptoire, l'autorité décisive de leur prestige frelaté d'Européen...

Aussi la superstition a-t-elle beau jeu avec des mentalités ainsi réduites et dirigées, superstition, où la religion n'a qu'une part chaque jour plus restreinte. — La religion évolue en effet de plus en plus vers le fétichisme, tourne à l'idolatrie, à une sorte de paganisme, de polythéisme inconscient, religion de *saints* comme chez les catholiques attardés de certaines régions d'Espagne, d'Italie et de France, religion de fétiches comme chez les Russes iconolâtres. — Les saints, les prophètes deviennent chez les Arabes et même chez les Juifs, des déités véritables, auxquelles on attribue des spécialités diverses comme dans nos églises en décadence, et qu'on implore avec une foi totale pour la guérison de maladies variées. On se confie également en la puissance miraculeuse des eaux; certaines sources jouissent au Maroc d'un prestige plus universel que nos Lourdes ! Bien mieux, la plupart des charlatans ont fini par se prendre aux mirages de leurs propres illusions ; le Maroc est peuplé de talebs convaincus qui s'instruisent dans la sorcellerie comme dans une science véritable. Aux bêtises désuètes des vieux grimoires exhumés, on ajoute chaque jour des prodiges nouveaux; et l'on fait tourner au profit de l'empirisme les quelques acquisitions de connaissances nouvelles, qui ont pu filtrer à travers les mailles serrées que la barbarie marocaine oppose aux progrès issus du sol maudit de l'Europe. De même aussi que nos superstitieux Bretons gardent obstinément les croyances médiévales des ancêtres — sur l'esprit desquels le leur n'est pas en progrès — et vivent encore en méfiance et en terreur parmi les elfes, les farfadets et autres esprits malins, les Marocains, juifs et arabes, conservent, développent et exagèrent les vieilles crédulités de l'enfance des sociétés. Diables et diableries, sorcellerie et influences occultes ont pris chez eux une importance, que n'avaient sans doute pas connue leurs ancêtres. La régression des mentalités correspondant à celle de leur civilisation, a ouvert aux exploiteurs de la bêtise humaine un champ, sans cesse agrandi par la précision de leurs expériences et l'habileté de leurs jongleries.

Le Très-Bas l'emporte nettement en influence sur le Très-Haut. On a bien un geste d'adoration et d'offrande vers ce dernier; mais en réalité on ne pense qu'au premier, qui obsède l'esprit enfantin de ce peuple et qui semble plus à portée de ses désirs et de ses immédiates aspirations. Les diables sont en dehors de la toute-puissance divine, en quelque sorte en lutte d'influence et d'efficacité avec elle ; ils triomphent le plus souvent, autrement forts et puissants que Dieu. Qui donc, au reste songerait à s'adresser à la divinité lointaine, inaccessible, si distante des réalités humaines, pour découvrir un trésor? Qui donc aurait l'idée de l'invoquer pour nuire à autrui, de le prier pour détruire les effets diaboliques et les sortilèges ? Ce sont là des contingences, trop misérables pour une si noble et si glorieuse puissance. Aussi on s'adresse aux démons qui fourmillent autour de l'humanité, qui se plaisent aux petites besognes, s'intéressent aux moindres faits de l'existence banale des hommes ; et, pour y parvenir, on a recours au sorcier, qui est Dieu véritablement, et que seul on peut opposer aux puissances infernales, avec lesquelles il a partie liée, qui connaît les mystères et les aboutissants de l'Au-dessous, détient les mots et les chiffres fatidiques.

Tout ce qui est hors du domaine des petits guérisseurs, tout ce qui trouve leurs remèdes inefficaces devient un stigmate infernal ou un effet des sortilèges. A force de conjurer le mal inconnu qui ne peut procéder que des esprits malins ou de la magie, on est arrivé à appeler ce mal, à recourir à ces esprits. De passive, de défensive, la sorcellerie est devenue active, agressive. L'irruption diabolique dans les affaires terrestres n'est plus une exception, c'est la règle commune, banale, admise et subie. Pas de démoniaques exacerbés, comme on en trouve chez quelques fous en Europe, mais de simples gens qui croient bien trop réellement, sans irritation et qui acceptent avec une résignation fataliste les inconvénients quotidiens ; et à côté d'eux, des individus assez naïfs quoique habiles, en vivent.

Fanges, passions et désirs, ignominies et turpitudes, dépravations, sensualités, envies, haines : pour tout cela, les sorciers s'offrent comme associés, comme intermédiaires. Ils peuvent guérir ; ils peuvent tuer. Qu'importe ! Magiciens pris à leurs propres prestiges, convaincus à force de convaincre, ils ont acquis l'accoutumance blasée du métier. Marchands de sortilèges et de simples, évocateurs de larves, guides et prêtres des nécromancies abjectes, reniflant la semence, le sang et la pourriture des tombes, détraqueurs d'âmes et d'intelligences, aveugleurs d'esprit, ce sont ces sorciers, ces talebs, ces cheiks, ces empiristes, pires ennemis de la race qu'ils exploitent en l'avilissant..., pires ennemis, cela va sans dire, de l'Europe en marche qui sème sur ses pas le progrès, l'instruction, la lumière !

Certes, ce n'est plus l'Erinnye du Moyen-Age, l'effrayante sorcière des Sabbats de minuit, l'infernale aboyeuse, pourchassée, redoutée, vivant une existence écartée et mystérieuse. Non, la sorcière, comme le taleb, mène ici, une vie normale, parmi tout le monde, tant sa fonction est devenue naturelle, son sacerdoce indispensable, sa participation commune aux difficultés de la vie. Elle prépare bien certains de ses philtres dans l'isolement des nuits lunaires ; mais elle opère aussi à domicile, au vu et au su de tous ; elle incante publiquement : guérisseuse de maux, conjuratrice de sorts aussi bien que complice des envoûtements et des magies mauvaises; nul ne la fuit; elle jouit de la considération générale.

. . . .

C'est de la démonomanie courante, par consentement réciproque, pas plus déconcertante que cela et qui ne trouble qu'à peine les âmes démoralisées et les consciences contaminées...

L'infamie disparaît devant la stupidité. Néanmoins, il faut bien dénoncer les actes exécrables qui résultent de cet état d'esprit, de la stupide crédulité de ces fervents, de ces dévots passifs, encouragés et soutenus dans leur perversion inconsciente par les corrupteurs — pas beaucoup plus responsables. Ceux-ci prodiguent l'illusion, qui effraie ou qui console, qui inquiète ou qui flatte. Ils répandent la manne ou le poison de leurs prestiges aux simples et aux dupes, courbés, admiratifs, devant leur science...

Il était d'autant plus indispensable de noter l'infiltration, l'expansion, la généralisation dans les milieux indigènes, de ce diabolisme familier, dont je ne puis entreprendre de rechercher les origines, qu'il domine toute la médecine arabe actuelle. Une excursion attentive, une pénétration complète dans ce domaine étrange était donc nécessaire pour saisir le fond de ce qui est à présent l'empirisme arabe et les détails de ses procédés de traitement. Notre scepticisme, évidemment, s'étonne à rencontrer une ambiance semblable de crédulité tranquille, à peu près sans exception, aux plus invraisemblables diableries. Tout le premier, je ne fus pas peu surpris et décontenancé de rencontrer sur mon chemin ce gouffre insondable d'ignominie, lorsque je commençai l'enquête nécessaire à cette étude. Il n'en est pas moins vrai que les choses sont ainsi, sans grossissement, sans amplification, sans arrangement de ma part. Les informations que j'apporte sur ce sujet sont puisées aux sources les plus sûres; les documents proviennent des sorciers eux-mêmes, auxquels il n'est pas toujours très facile de les arracher; car ces bateleurs, parfois convaincus, aiment peu initier le public à la pratique intime de leurs sortilèges. Il a fallu paraître ajouter foi à leurs propres croyances d'ignorants pour obtenir communication de leurs secrets, de leurs formules, des recettes de leurs potions abominables, pour pénétrer dans le mystère et la liturgie des cérémonies de leurs goëties, de leurs pactes, pour s'initier aux opérations de leurs charmes d'amour et de haine, pour s'identifier à leur science spagirique, à leur démonographie, pour connaître les pratiques de leur sorcellerie et de leur nigromance.

Apprêts de philtres et de lanternes, formules d'évocation, cérémonies démoniaques, pactisations avec l'En-Bas, envoûtements et exorcismes, interventions des incubes et des succubes, nécromanie et magie, maléfices et dictames.

A trouver une pareille énumération, on se croirait revenu aux époques troubles du Moyen-Age. C'est qu'au

Maroc on est encore à cette période inquiétante de l'histoire humaine ; on surenchérit même sur la sottise et les aberrations dérisoires de ces siècles d'inconscience et de délire. Nous le verrons en étudiant les odieuses et niaises pratiques qui rappellent le gnoticisme troublant des anciens Albigeois (1).

. . . .

A tout prendre ne semble-t-il pas que, chez nous-même, en plein épanouissement de notre civilisation si poussée, des gens déjà semblent vouloir, en dehors même des attardés et des ignares, que recèle encore la Bretagne, reprendre sur nouveaux frais les errements absurdes et les plus abstruses pratiques de ces âges de folie et de perversion. Ne voyons nous pas maints snobs, pas mal de détraqués et une foule d'exploiteurs qu'affole en plein xx° siècle, qu'émerveille ou qu'engraisse le mysticisme transcendental, auquel des oisifs, des fous et des industriels au flair exact ont communiqué une vie nouvelle. Messes noires, évocations, magie, érotisme et démonosophie, insanités de hantise et d'hallucination ont trouvé de modernes adeptes, de confiants gogos et d'habiles opérateurs. Tant il est vrai que, malgré les conquêtes du progrès et les illuminations de la raison, il faut à l'hu-

---

(1) Le gnoticisme albigeois et cathare légèrement revu et arrangé par ses adeptes modernes qui ont pour devise cet axiome de morale facile :

« Ama et fac quod vis ! »

MARRAKECH : vue prise de la terrasse du Dr Mauchamp.
Le quartier de la Zaouïa avec la mosquée de Sidi bel Abbas.

manité, du moins à ses extrêmes représentants, les simplistes et les pervertis, du mystère et de la superstition ; elle a encore et toujours besoin de délire, d'une démence d'au-delà qui l'exalte. Il est trop simple et insuffisant de rester humain, car les moyens sont limités ; il faut aux faibles du surnaturel : religion ou magie ; il faut de l'illusoire : haschich, opium, rêve, paradis artificiel, ou bien un enfer secourable auquel on s'adresse pour les choses basses qu'on ne saurait décemment demander au Ciel. Et puis, il y a l'impatience de vivre, de jouir, de nuire ou de guérir. Le ciel d'ailleurs est trop décevant ; l'enfer est bien plus à portée et si complaisant aux faiblesses, aux vices, aux hontes, si favorable aux ivresses des instincts, au déchaînement des baves, aux satisfactions factices et impatientes de la chair !

Calchas était augure. Il convainquit facilement le roi des rois Agamemnon, d'immoler sa fille Iphigénie pour obtenir de Diane des vents favorables. Symbole immortel de la bêtise humaine qui, comme Dieu, n'a pas eu de commencement et n'aura jamais de fin, surtout quand elle s'attarde dans la superstition qui répond à l'absence absolue de la faculté de raisonner, et de critiquer, qui accepte l'incompréhensible et l'inexplicable, sans s'autoriser à examiner. Et, comme il y aura toujours de semblables acceptations aveugles de croyances qui ne répondent à rien, comme y aura toujours des exploiteurs intéressés de la crédulité humaine et de la faiblesse des caractères, il est facile de se convaincre que l'imbécilité ainsi entretenue chez les naïfs et les sots règnera éternellement.

Les progrès du scepticisme et du rationalisme n'ont pas tellement modifié la mentalité de nos civilisés qu'ils n'éprouvent encore des besoins de mysticisme, qu'ils ne présentent des accès de crédulité baroque, qui les conduisent de nos jours encore aux pires insanités mystiques.

La prétendue infinie diversité des choses humaines se trouve ramenée, si l'on y regarde de près, à un perpétuel recommencement, à de simples différences de détail, d'arrangement, d'accommodation, de transaction, d'adaptation, qui justifient l'aphorisme sentencieux de l'Ecclésiaste : rien de nouveau sous le soleil (nil novi sub sole).

. . . .

Les Arabes marocains sont des sourds qui ne veulent pas entendre. Ils s'obstinent dans leur ignorance ; et le capitonnage résistant de leur superstition religieuse étouffe volontairement les voix qui leur viennent du dehors. Ils se refusent à s'adapter, même ceux qui ont séjourné en Europe : aussitôt rentrés dans l'atmosphère d'obscurantisme et de fanatisme dévot qui les a vus naître, ils gardent bien, pour le public, quelques apparences d'émancipation, ils étalent même un peu ostensiblement ce vernis très superficiel, mais ce n'est qu'une nouvelle couche d'orgueil acquis ajouté à celui qui est chez eux héréditaire. Au fond, ils restent terriblement Marocains d'idées, de tendances, d'intelligence. Les médecins, plus que tous les autres, le peuvent constater dans leur pratique.

Il y a là comme une irréductible barrière de sottises, à laquelle se heurte la tentative de ceux qui apportent le progrès et qui veulent amener la lumière des connaissances modernes dans la nuit profonde de l'ignorance indigène. L'orgueil de ces simples est étrange et ne peut provenir que des préceptes religieux qui laissent à leurs adeptes la conscience obstinée et aveugle d'une supériorité dont l'erreur est éclatante. L'évidence même du mieux ne les convainc pas ; car ils ne voient dans le succès des *nosranis* qu'un accident produit par une puissance mauvaise, occulte, qui doit les mettre en défiance : ils profitent de ce mieux, mais sans gratitude et sans que la conviction s'impose à leur esprit obtus et volontairement fermé que le progrès est une réalité naturelle et non un artifice.

Il faut que le Maroc, prolongement de l'Europe, se distraie enfin de son rêve immobile et se mêle à la vie contemporaine. L'évolution se fera, elle est fatale, rien ne la peut arrêter, tout ce qui s'opposera à sa marche sera brisé. A présent que le Maroc est en relations avec les nations d'Europe, les lois et le système politique du pays sont devenus surannés par trop. La cause de l'extrême faiblesse des nations musulmanes réside dans le piétinement, dans l'état des esprits réfractaires au progrès, dans l'absence de mise au point du système administratif et financier et dans la répugnance de la société à se laisser entraîner vers un état plus éclairé. De nombreux changements, radicaux, totaux, sont donc nécessaires pour que le pays puisse être appelé à bénéficier d'un régime plus conforme aux exigences des nations européennes.

Il faut reconnaître qu'eût-on sur le trône chérifien un homme de jugement et de progrès, disposé à faire faire à son État un progrès positif, à réformer avec ampleur, son effort se trouverait paralysé par des circonstances ethnologiques, des oppositions religieuses et des intrigues d'intérêt, qui ne lui permettraient pas de travailler avec son seul vouloir et ses seuls moyens au développement progressif de son empire.

L'heure paraît avoir enfin sonné pourtant, où le vieux Maghreb va secouer sa torpeur et dépouiller les moisissures que les âges sans histoire ont accumulées sur sa pensée. Nous avons pensé pouvoir y apporter notre contribution. Nous voudrions apporter dans ce fatras de ruines orgueilleuses, dans ce désordre inhumain, souvent cruel et barbare, qui caractérise la société, dans cette déchéance ignorante d'une intelligence obscurcie par la routine et le fanatisme, un peu d'ordre, d'humanité, de lumière et de raison. L'entreprise est grosse.

Avant qu'on songe à la réédification de cette société sur les bases du progrès moderne, il convient d'abord d'achever la démolition, de disperser les matériaux surannés, de faire table rase d'un passé sans lustre, sans grandeur et sans gloire ; nous avons voulu à la fois inventorier les ruines et dénoncer ceux qui s'obstinent a en défendre la disposition dans l'ordre de choses que nos moyens nous permettent d'apprécier. Dénonçons les ennemis de la raison humaine, à qui le Maroc doit son croupissement odieux de fanatisme et d'abaissement. Dénonçons les moyens employés pour cultiver et développer l'obscurantisme ; dénonçons ceux qui, au nom d'un dieu, avec l'appui d'un Code moral dont les préceptes et les enseignements furent déformés et torturés, oublient et font oublier les principes pompeusement énoncés autrefois de la fraternité des hommes, et sous couleur de bienveillance, de mots et de gestes vains de solidarité, prêchent et préconisent les pratiques et les crimes, sortes de défis jetés à ce qui est humain, juste, bon et grand, à ce qui est capable d'améliorer la condition des gens.

Nous ne nions pas que, dans cette foule attardée, ne se manifestent des aspirations réelles vers le mieux et quelques intentions excellentes de sage progrès ; mais ce n'est là qu'une exception bien minime.

AU LECTEUR

Si l'exposition documentaire de ce travail manque de poésie et de grâce dans ce livre qui n'est pas de la littérature, s'il y passe comme une nausée d'immondices, comme une fétidité d'incontinences, c'est qu'il est difficile d'idéaliser l'ordure et de maquiller la fange. Or dès qu'on aborde les conceptions de physiologie et de psychologie marocaines et l'étude de la médecine et de la sorcellerie au Maghreb, il faut bien se résoudre à manipuler un naturalisme de gravois et de latrines. L'expression s'en ressent et il faudrait un vocabulaire d'euphémismes extrêmement riche et varié pour châtier le style d'une pareille étude, où le matérialisme des appétits et des instincts l'emporte de beaucoup en balance sur l'idéalisme du surnaturel et de l'au-delà. Il est donc incontestable que souvent le bon goût se trouvera choqué et que la politesse littéraire devra être maintes fois heurtée. Ne nous attachons pas trop à ménager la bienséance; c'est impossible.

Pour sonder la plaie ulcérée et sanieuse des mœurs de la décadence arabe, pour fouiller les dessous de l'âme marocaine et déterger ce qui passe chez eux pour du sentiment, il faut faire abstraction de toute délicatesse. Pour faire l'inventaire sincère de l'occultisme et de l'empirisme en ce pays, il faut se cuirasser contre tous les haut-le-cœur et ne pas s'offusquer des plus répugnantes souillures. Nous prions donc les âmes sensibles et délicates, que le réalisme de détails ignominieux incommode, de ne pas pousser plus avant et de ne pas nous suivre dans l'autopsie morale et physique du Marocain, de ce cadavre dont l'Europe va bientôt disperser les putréfactions et balayer les abjections. La déchéance est accomplie, et l'ignominie de la pourriture morale a rongé jusqu'aux bas-fonds le charnier lamentable du Maroc en définitive détresse. Trions ces déchets quand même, déchets de pensée, de science, d'art, de religion et de civilisation, afin d'arriver mieux à dissiper l'erreur, à élaborer le savoir et à créer cette atmosphère de pensée scientifique sans laquelle aucune des merveilles de notre civilisation ne pourrait apparaître.

PREMIÈRE PARTIE

CHAPITRE PREMIER

MARIAGE. — DIVORCE. — ACCOUCHEMENT.
NOUVEAU-NÉ. — RELEVAILLES. — CIRCONCISION.
MORT ET FUNÉRAILLES.

Mariage. — Chez les Arabes, le jeune homme fait lui-même sa demande en mariage aux parents de la jeune fille ; s'il est agréé, il envoie aussitôt à sa fiancée du henné, des dattes et de beaux vêtements soyeux. Cependant elle lui restera invisible, cachée jusqu'au jour du mariage. — Pendant toute la durée des fiançailles, à chaque fête, il se rappelle à son souvenir par quelque délicate attention : bijoux, costumes riches, repas, esclaves pour la servir ; cependant chez les deux familles les préparatifs se continuent.

Le soir fixé pour la cérémonie, il envoie chercher sa fiancée par ses amis qui, en l'amenant, tirent des coups de fusil sur tout le parcours, tandis que les femmes frappent du tambourin de leurs ongles aigus chargés de henné et poussent des *hou hou* stridents, sous le voile mystérieux qui leur couvre le visage. Ceci se passe vers les onze heures du soir.

Dès que la fiancée est arrivée chez son fiancé, on l'introduit avec grande pompe dans la chambre nuptiale, tandis que le bienheureux mâle se tient avec des amis dans une maison voisine. — A minuit, il vient rejoindre sa fiancée ; mais, avant de passer le seuil de la chambre, une matrone lui présente un tamis qu'il doit défoncer d'un seul coup de poing. S'il a traversé le tamis avec toute la main, la famille de la jeune femme se réjouit ; c'est qu'il sera bon mari... S'il n'a pas troué le tamis, il entre quand même dans la chambre, où il commence par faire une prière ; puis il déshabille lui-même sa fiancée qu'il laisse en chemise et en *shalvar* (caleçon). Alors a lieu une lutte simulée ; il est de bon ton que la jeune femme ne se laisse pas vaincre ; il l'empoigne, elle se débat violemment ; quelquefois elle est si forte que le mari est obligé de lui attacher bras et jambes, car il y en a qui sautent sur leur fiancé pour le chasser. S'il se laisse mettre à la porte, toutes les femmes, qui attendent dans la cour l'issue du combat, le conspuent et lui font la morale en se moquant de lui.

Avant que la fiancée ait pénétré dans la chambre nuptiale, on lui fait prendre quelques excitants tels que : blancs d'œufs, huile et mastic mélangés, ou bien des testicules de coq broyés avec du miel et des épices.

Si le mari parvient à déflorer sa femme, il quitte immédiatement la chambre, où se précipitent les deux familles ; lui-même se cache dans quelque chambre isolée. On exhibe le caleçon de la mariée taché de sang, on se le passe de main en main, on le montre aux voisins, aux invités, afin de prouver que la jeune fille était vierge.

Le lendemain matin, le marié prend un bain au hammam et revient déjeuner avec sa femme. A ce moment et pendant sept jours, il est considéré comme un sultan, il se choisit des vizirs et tout le monde dans la maison est à ses ordres ; le soir il donne une fête dans un jardin à ses amis qui resteront ses hôtes pendant une semaine. Si des invités n'ont pu assister au mariage, il les frappe d'amendes.

Chez les Juifs, la fiancée est amenée dans la maison du fiancé, où le Rabbin, en présence des parents, bénit les nouveaux époux. Les invités se retirent ; tandis que les jeunes mariés s'assoient dans leur lit, où ils dînent côte à côte ; puis, les invités rentrent et mangent séparément dans la même pièce. Avant le repas, le marié a enlevé le voile de sa femme ; et lorsque, après le repas, les hôtes se retirent de la chambre, l'époux donne un tour de clef, puis il dévêt sa jeune femme...

Après la défloration, il va se cacher dans une autre chambre. Les parents entrent, constatent l'événement heureux en visitant le linge de la jeune femme ; chacun se passe ces objets autour de la tête, en signe de joie, puis on les montre aux voisins. — Très vite, on enveloppe la jeune mariée ; car si elle prenait froid à ce moment, elle deviendrait stérile pendant toute sa vie.

Chez les Arabes, au moment où l'on expose le caleçon souillé par la défloration, les femmes le touchent afin de se mettre un peu de sang autour des yeux ; ce qui préserve des maladies.

Si une fille n'est plus vierge, on s'arrange pour que son indisposition mensuelle arrive au moment du mariage et on l'interrompt pendant quelques heures. — On compose aussi un sachet avec du verre pilé, de la poudre de chaux, du *Dem-el-Hkouâ* (le sang du vide), cela ressemble à du corail, on broie le tout et on le délaie dans du savon. La jeune fille s'introduit ce petit sachet auquel pend un fil de soie, dans le vagin, quatre à cinq heures avant l'instant critique, et elle l'y laisse jusqu'au moment du rapprochement ; il doit avoir pour effet de cicatriser momentanément la blessure ! Quand son époux va s'approcher, la jeune femme retire tout doucement le sachet et alors elle saigne (irritation, vaginisme et sang). On emploie encore, pour rétrécir, de la noix de galle pilée et mise dans un petit sachet.

Afin d'arrêter momentanément le tribut mensuel, on se procure le clou d'un cercueil que l'on plante à peine en terre, la jeune femme passe par dessus ; les règles ne reviennent qu'en retirant le clou, ou bien, dans le même but, on se lave intérieurement le vagin avec de l'eau chaude salée.

Il est obligatoire, de par la loi, de commencer par marier les aînés (1). Il est de même obligatoire que les garçons soient mariés à dix-huit ans au plus tard, et les filles à dix ans au maximum, afin d'être d'heureuses petites mamans à douze ans. Cela se pratique au Maroc dans le peuple. Passé ces âges canoniques, le mariage serait contre la loi, mais on peut unir même des enfants ; ainsi les fillettes à sept ans par exemple. Dans ce cas, cependant, on sépare les deux époux qui ne doivent cohabiter avant l'âge légal chez la jeune femme (dix ans). On est surtout coutumier de ces unions prématurées lorsqu'on craint de perdre un bon parti.

Un vieillard riche peut convoler en justes noces avec une enfant de dix ans.

Puberté. — Pour reconnaître la puberté on fait passer par dessus la tête une ficelle, pliée en deux, tournant autour du cou et prise entre les dents : chez l'enfant le cordon ne peut pas passer par dessus la tête, à la puberté la ficelle rase les cheveux et sort ; chez l'adulte, elle passe avec la plus grande facilité.

On ne commence à observer le jeûne du Ramadan qu'après la puberté reconnue ; et on ne doit pas se marier avant qu'elle n'ait fait son apparition — ce qui, d'ailleurs, n'est pas observé. — Lorsque les candidats au mariage sont des orphelins, c'est au Cadi que revient le droit

---

(1) Jacob a dû épouser Lia afin de pouvoir épouser Rachel sept ans après.

de constater s'ils sont pubères ; il le fait au moyen de la ficelle indiquée plus haut, ou, chez les fillettes, en pesant les seins.

Cette crise a lieu entre dix et seize ans. La première indisposition sert de prétexte à de grandes fêtes de famille. On avise les parents éloignés et on fait circuler une invitation dont la formule consacrée est : « Notre fille a accouché d'une fille morte ». On sait ce que cela veut dire. — On fait tremper la main de la jeune fille dans tout ce qu'on trouve à la maison pour que la *baraka* (bénédiction) soit dessus. — On humecte trois doigts de son sang et on marque trois points sur un réchaud pour que les menstrues viennent régulièrement pendant trois jours tous les mois. Ces coutumes sont courantes aussi bien chez les Juifs que chez les Arabes. — Cependant si l'enfant a 10 ou 11 ans et si elle est déjà mariée et déflorée — dès l'âge de sept ans quelquefois — on a l'habitude d'arrêter les règles et d'empêcher la conception jusqu'à l'âge de quinze ou seize ans. Voici comment on s'y prend : on mesure la hauteur de l'enfant à l'aide d'un fil de soie, on coupe le fil à cette taille et on l'introduit dans un œuf cru que la jeune fille doit avaler. On reprend ce fil dans ses selles et on y fait autant de nœuds qu'on veut retarder d'années les effets inévitables du mariage et de la puberté ; elle portera cette amulette constamment, aussi longtemps qu'elle devra faire valoir ses vertus. — Ou bien encore on pratique de petites entailles le long de la colonne vertébrale de l'enfant, le nombre

MARRAKECH : *La Koutoubia.*

des entailles correspondant au nombre d'années à retarder. On lui fait avaler sans qu'elle les voie des grains de coriandre trempés dans le sang de ces blessures, puis on badigeonne les plaies avec le sang de ses premières règles en disant « Le sang de ses règles ne reviendra que lorsque le sang de son dos ira dans ses voies génitales ». Plus tard, lorsqu'on voudra qu'elle puisse concevoir, on rouvrira les plaies du dos et on introduira un peu de ce sang dans le vagin.

Ménopause. — Une fille, devenue femme très jeune, voit sa ménopause très retardée, tandis qu'au contraire celle restée vierge très tard cesse d'être réglée beaucoup plus tôt (croyance populaire) (voir divorce à la fin du chapitre).

Accouchement et Relevailles. — Lors d'un accouchement, on attache un peu partout, aux murs, aux rideaux, aux portes, des versets écrits sur des feuilles de papier afin de paralyser l'influence des mauvais esprits. Au dehors, on suspend au dessus de la porte d'entrée la tête d'un coq, de petits biscuits ronds, non sucrés, et brûlés sur la braise même, un balai neuf, des ronces et un morceau d'étoffe noire, le tout attaché ensemble (ceci est un usage chez les Juifs). Le balai sert à balayer le mal qui pourrait être répandu dans la pièce ; la tête de coq est un sacrifice fait pour empêcher le diable de nuire ; l'étoffe noire met en fuite le hibou ; les biscuits sont là pour occuper cet oiseau néfaste dehors et l'empêcher d'entrer ; les ronces effrayent les chauves-souris. — Ceux dont les enfants naissent habituellement atteints d'ophtalmie ajoutent un oignon à ces objets hétéroclites : l'oignon a la propriété de faire fuir la chauve-souris qui, les autres fois, s'était faufilée dans la chambre de l'accouchée et avait été cause de l'ophtalmie des bébés. — Toute femme arabe qui entre dans la chambre d'une accouchée disperse autour d'elle une poignée de sel afin d'éloigner les mauvais esprits. — Une femme qui met habituellement au monde des enfants morts-nés achète une marmite neuve dont elle enlève le fond, on fera passer le nouveau bébé par ce trou. Cette marmite percée est gardée religieusement jusqu'à ce que l'enfant grandisse et on ne la prêtera à personne. En outre on enterre le placenta de la mère *sous elle*, ce qui veut dire à l'endroit où elle se tient le plus souvent. En cas de déménagement, elle est obligée de le déterrer pour l'emporter avec elle.

On ne lave ni l'enfant ni la mère après la délivrance par crainte des esprits de l'eau. — Exceptionnellement, on fait usage d'un quart de sucre délayé dans de l'eau-de-vie pour laver les voies génitales de l'accouchée lorsque les pertes sont trop abondantes.

On attache un bandeau d'étoffe autour de la tête de l'enfant en serrant fortement, afin que la tête ne grossisse pas trop. On lui emmaillote le corps très serré afin que les membres et les os ne se disloquent pas, on donne une forme au nez, on lui manipule les lèvres pour leur donner un joli dessin et on écrase la bosse sanguine avec les mains.

Une demi-heure après la délivrance, on presse légèrement les seins de l'accouchée afin de faire sortir un peu du premier lait ; on huile légèrement le mamelon et la jeune maman donne à têter à l'enfant.

La jeune mère juive est assistée de deux sages-femmes. L'une est assise sur un escabeau et tient étendue sur ses genoux la patiente qui enfantera entre les jambes de la sage-femme ; l'autre matrone est assise par terre pour recevoir l'enfant et maintenir le périnée ; au moment de la délivrance, elle tient à deux mains une serviette recouverte d'une étoffe de laine pour recevoir le bébé qu'elle ne doit pas toucher avec les mains. Si les douleurs sont vives (voies génitales sèches), on introduit un peu d'huile avec du blanc d'œuf ; d'autres matrones maintiennent les bras et les jambes de l'accouchée.

Les femmes arabes n'ont qu'une seule sage-femme assise sur un escabeau ; celle-ci pose les pieds sur quelchose d'élevé et place la patiente face à elle, sur ses jambes écartées. L'accouchée appuie ses mains sur les épaules de la sage-femme qui retire l'enfant (1).

---

(1) Chez les Turcs du Nord on retrouve encore souvent l'usage de la *chaise à accoucher*, toujours très ornée, sorte de fauteuil avec plateau mobile demi-circulaire qu'on enlève au moment des couches qui se font assises (voir fig. p. 116).

Après l'enfantement on lui presse toutes les parties du corps ; la sage-femme s'assied sur une des hanches de la jeune mère, étendue sur le côté, de façon à bien appuyer, à lui serrer et bander les cuisses et tout le reste du corps à l'aide d'une grande bande d'étoffe à turban. — Pour cicatriser la blessure, on a préparé au préalable un peu de laine très propre qu'on a trempé dans de l'huile où l'on a délayé de la suie. Puis on introduit ce tampon dans le vagin. — Enfin on administre à la convalescente une potion composée de miel et de beurre fondus ensemble, qu'on fait suivre plus tard d'une bouillie de farine.

Lorsque les pertes s'arrêtent trop tôt, on brûle sous la malade de la vieille paille, ou bien on place dans un vase une brique chaude, sur laquelle on jette de la menthe pilée et de l'eau ; l'accouchée s'asseoit dessus afin d'en recevoir les vapeurs. — Il faut que les pertes après la délivrance durent sept jours ; lorsqu'elles sont normales, elles purifient si bien le corps que même des maladies anciennes disparaissent à la suite des couches. Enfin pour que la femme reste bien portante, il faut que les pertes aient duré une semaine. — Aussi longtemps que l'accouchée garde le lit, on lui donne du miel et du gingembre.

Celle qui craint des couches difficiles se procure un

roseau qu'elle fend en deux, elle enlève les opercules et en brûle sept avec sept mouches et sept feuilles de safran. La délivrance sera rapide. Ou bien elle s'enroule autour de la cuisse gauche en haut une peau entière de serpent; elle espère avoir une délivrance aussi facile que la mue du reptile. Ou encore fumiger l'accouchée avec le placenta d'une ânesse. Pendant que la malheureuse se débat dans les douleurs, tenir en main la corne droite d'une gazelle. Brûler sous la souffrante tandis qu'elle se tient debout, des grains de moutarde dont elle doit en même temps respirer la fumée. On peut remplacer la moutarde par de l'opium ou par des tiges d'iris mélangées à de l'*Ati-el-Djïm* (seuil du diable).

Pour faciliter les couches compliquées, on emploie encore de la farine qu'on étend sur le ventre de la malade en disant : « Nous voulons que l'enfant vienne au monde aussi rapidement que la farine s'est écoulée vite des meules ». Cette farine est ensuite déposée au seuil de la chambre.

Lorsque le fœtus est renversé, la jeune femme est étendue sur la couverture d'un célibataire; deux hommes tiennent la couverture en travers par les deux bouts et font rouler la femme d'un côté à l'autre; l'enfant se met en bonne position. — Pour remédier au même inconvénient, la jeune femme fait trois culbutes sur un lit. — Ou encore, on la met la tête en bas, les pieds en l'air, cependant qu'une matrone lui manipule le ventre, jusqu'à ce que l'enfant prenne une position convenable.

Une femme à terme, qui ne sent pas venir les douleurs de l'enfantement, prend un bain froid ; elle sort vers quatre heures à la rencontre des vaches qui rentrent des champs, ramasse un peu de terre de dessous le sabot de la première vache qui passe, rentre chez elle, brûle cette terre et se laisse approcher par son mari dans la soirée. Forcément l'accouchement doit survenir. — Lorsque la pauvre femme souffre sans pouvoir mettre au monde, on suppose qu'elle a eu une envie non satisfaite. Dans un gobelet de terre on met alors de l'eau de forgeron (eau dans laquelle le forgeron a éteint son fer) et on recouvre le verre d'un paquet de menthe ; quelqu'un se précipite vers la souffrante en tenant ce gobelet et lui crie brutalement : « Tiens, voici ce que tu avais désiré ! ». La malade, surprise, boit et... l'événement se produit.

Au contraire, lorsque la jeune femme craint d'accoucher avant terme, elle se procure un petit melon amer (coloquinte) dont elle enfile les graines et s'enroule ce collier autour du cou. Puis elle fait venir un jeune célibataire qui lui prête sa ceinture de pantalon, il la lui attache autour du ventre en la fermant avec un cadenas qu'il a acheté lui-même. — On ne croit pas aux maladies et aux accidents qui provoquent l'accouchement prématuré ; de cela sont accusés toujours les mauvais esprits.

En moyenne, *les relevailles* sont de sept jours ; la jeune maman reste dans ses couches et vêtements souillés, ne change, ni de linge, ni de matelas de toute la semaine, par crainte des esprits. Mais elle s'est bien lavée au savon et s'est vêtue de neuf dès que l'événement final s'est annoncé.

Chez les Arabes, on respecte les usages suivants pour éviter les effets du *mauvais œil* : — La jeune mère reste invisible pour tout homme y compris son mari, ne reçoit pas de visites et ne voit personne en dehors des matrones qui lui ont prodigué leurs soins. — On attache à un bras, à une jambe et au cou de l'enfant à peine né, de petits paquets composés de hormel, sel, rota, alun et henné. La mère porte les mêmes paquets mais distribués aux membres opposés ; par exemple, si l'on a choisi la jambe et le bras droits de l'enfant, on prendra le bras et la jambe gauches de la mère. — Au chevet du bébé, sur le mur, on applique une main à plat, après l'avoir trempée dans du goudron ; on dessine encore à l'aide du goudron une paire de ciseaux sur les murs et les portes, préalablement frottés à l'ail, pour mieux incommoder les esprits. — La maman et le bébé portent des amulettes dans lesquelles le taleb inscrit le mot : « *Bismilloh* ». — Le bébé ne change, ni de linge, ni de lit avant sa maman, pour ne pas mourir tout de suite.

Les Arabes comptent sept jours, y compris les pertes, pour le repos génital. Le septième jour, la jeune femme se baigne au hammam où on lui frictionne le corps à l'huile chaude ; rentrée chez elle, elle s'étend sur le lit où son mari la franchit pour la purifier.

Chez les Juifs, lorsque la femme a mis au monde une fille, son mari ne l'approche qu'après trois mois et dix jours ; si c'est un garçon qui a provoqué l'heureux événement, elle sera sienne à nouveau au bout de quarante jours. Pendant tout le temps des relevailles, le mari évite de marcher avec elle, de toucher aux objets lui appartenant et dort dans une autre chambre, si possible.

L'Arabe reprend sa femme dès que les pertes ont cessé.

Usages à respecter pendant la grossesse. — (Hermaphrodites, monstres, difformités, jumeaux).

Une future mère qui passe devant un plant de giroflée doit en mâcher une feuille, autrement l'enfant naîtrait possédé.

Lorsqu'elle aperçoit une femme nue, qui lui donne envie d'avoir une fille, ou un homme nu qui lui fait désirer un garçon, et si, à ce moment elle se gratte la vulve, elle mettra au monde un hermaphrodite dans le cas où elle serait enceinte d'un fœtus de l'autre sexe.

Si, en voyant un singe ou un chameau au troisième mois de la gestation, elle craint que son enfant leur ressemble, le bébé rappelera l'animal vu.

D'une façon générale, lorsque les enfants naissent difformes, avec les membres tordus, etc., cela prouve que le diable s'est interposé entre le mari et la femme au moment de la conception, ou encore que le père a fréquenté des jeunes garçons dans sa jeunesse.

Le mari juif ne caresse pas sa femme, aussi longtemps que la lumière brûle, il ne lui parle pas pendant le rapprochement; sans cela il court le risque que l'enfant à venir soit violent et méchant. Parler à ce moment là peut même produire le mutisme de l'enfant. Les parents juifs peuvent être accablés d'enfants renégats, si, pendant l'acte procréateur, la mère a pensé à un Arabe, ou si elle en a vu un, en sortant du bain, le lendemain. C'est d'ailleurs le motif pour lequel les Juives se recouvrent le visage en sortant du hammam et se font conduire par une autre femme.

Pour ne pas avoir de monstres, les Israélites suivent exactement ces prescriptions de la Loi : Ne pas toucher une femme indisposée, ni boire dans son verre, ni manger dans son assiette. Eviter le contact du linge de sa femme et ne pas employer ses babouches pendant les cinq jours du tribut mensuel et pendant les dix jours qui suivent.

Au bout de cette quinzaine seulement, la jeune Juive se lave bien au savon chez elle, puis va au bain froid des femmes, où elle plonge trois fois dans le bassin. En sortant, elle se cache la figure et ne se découvre qu'en présence de l'époux ; celui-ci prend alors un livre de psaumes qu'il lit jusqu'à onze heures afin de chasser les mauvaises pensées ; il ne touchera sa femme que vers minuit ce soir là. A cette heure l'épouse quitte la chambre, et, levant les yeux au Ciel, dit cette prière : « Dieu existe et ses commandements sont vrais, Dieu est vrai ainsi que Moïse et sa loi ». Dans la chambre, le mari fait la même invocation. Puis, tous deux peuvent enfin se mettre au lit.

Pendant les trois premiers mois de la grossesse, le mari peut fréquenter sa femme à volonté, l'enfant n'en sera que plus fort ; pendant les trois mois suivants, il la verra moins souvent et pendant les trois derniers mois très rarement.

Si les deux époux éprouvent le besoin de se rapprocher à nouveau lorsqu'ils viennent de le faire, ils auront des jumeaux, mais ils n'en auront pas lorsque l'un d'eux seulement aura été talonné par le désir.

Sipendant la gestation, la future mère aperçoit une femme ayant du carmin sur les joues et qu'elle se gratte à un point quelconque du corps, l'enfant aura une tache rouge à ce même point du corps. — Si elle voit deux roses sur un rosier qu'elle ne peut atteindre et si elle se gratte à un point quelconque du corps, l'enfant aura une double tache rose à cet endroit. — Lorsqu'une femme enceinte est torturée par une envie irréalisable, elle doit cracher par terre, sucer la paume de sa main et se tordre la langue dans la bouche.

Pour que l'enfant naisse sans difformités ni taches, au moment du terme, la future mère fait trois plongeons au bain froid des femmes.

Nouveaux-nés. — Un proverbe populaire dit : « que le troupeau doit ressembler au mâle. » Lorsqu'on ne trouve pas cette ressemblance avec le père, on crie à l'intervention des diables : dans le sein de la mère, ils ont remplacé l'enfant légitime par un des leurs. Ceci, par exemple, lorsque deux époux blancs ont un enfant noir (Très indiqué pour détourner les soupçons au cas où il y a un père de contrebande qui est de couleur). Les matrones fournissent spontanément l'explication de l'intervention diabolique afin que la non-ressemblance ne provoque pas de difficultés dans le ménage.

L'enfant qui naît *coiffé* est voué à la chance, les parents conservent la coiffe en guise de porte-bonheur ; on l'attache au lit ou on la place dans la coiffure.

La sage-femme doit murmurer à l'oreille du bébé qui vient de naître la formule du Muezzin au Minaret, sauf l'appel à la prière : *Allah akhbar, La Illa il Allah,* etc.

Les Juifs mettent l'enfant dans un pétrin : la pâte monte, puisse la vie de l'enfant être prospère ! Lorsque c'est un premier-né, en le couchant dans le récipient, on prononce la formule suivante : « Je te sauve des mains du Cohen ». — C'est une petite fête imposée par la Loi, qui doit avoir lieu trente jours après la naissance de l'enfant. — On invite les parents, les amis, le *Mohel* (circonciseur) et un Cohen auquel on offre une somme d'argent pour racheter l'enfant. (Ceci se rapporte à l'ancien usage sémite qui consistait à offrir les prémices à la divinité). Plus particulièrement chez les Juifs, le premier-né de chaque famille était voué à la religion, il devait être prêtre. Mais Araon et ses descendants, les Cohen, voulant se réserver le privilège de servir la divinité, introduisirent l'usage du « rachat » ; la famille, au lieu de faire un prêtre de son premier-né, invite le Cohen et lui offre en échange une petite somme d'argent.

Les Juifs, qui se targuent d'hygiène, ne sortent pas les enfants avant l'âge de deux à trois mois par crainte de l'air, ils les confinent dans la lourde atmosphère des chambres sales et empuanties.

Nourrices. — L'habitude est de sevrer les enfants à deux ans; mais cela peut se faire à partir de sept mois.

La mère qui manque de lait prend de la luzerne sur laquelle elle a versé une soupe de farine, ou bien une infusion de feuilles de roses avec une bouillie de farine. — Brûler le sabot droit d'une vache, le piler et avaler cette poudre avec du vin. — Manger un cousscouss cuit dans un bouillon de poisson. — En général, des soupes de farine d'orge, beaucoup de grains de lin ou d'orties et du vin (orties Harek).

Celle dont le lait est complétement tari doit se procurer un pétrin neuf qu'elle remplit d'eau; elle le dépose au seuil de la maison à l'heure de la rentrée des vaches à l'étable. Trois fois de suite elle se dirige à *quatre pattes* vers le pétrin, elle y boit de l'eau, rentre dans sa chambre en disant chaque fois : « De même que les vaches rentrent des champs je veux que mon lait revienne. » — On peut encore, dans ce cas, réveiller brusquement la nourrice, lui donner à boire un verre d'eau en criant : « Tiens, ton lait ! ».

Ce sont toujours les fourmis qui enlèvent le lait à la

femme. Exemples : La nourrice a laissé tomber quelques gouttes de son lait par terre et les fourmis en boivent..., le lait disparaît. — Par vengeance, une ennemie a obtenu un peu de lait de la mère à laquelle elle veut nuire, elle jette ce lait dans une fourmilière.

Dans ce cas, pour faire revenir le lait, la nourrice fera un cousscouss de semoule avec du sucre, du henné et de l'huile qu'elle répandra sur une fourmilière. Elle prendra aussi de l'orge dont elle placera un peu à l'entrée de chaque fourmilière. Les fourmis sortiront alors et s'empareront chacune d'un grain d'orge, la nourrice leur reprendra ce grain d'orge ; et, rentrant chez elle avec cet orge repris ainsi dans chaque fourmilière, elle le moudra, sans parler, dans un petit moulin et en fera une soupe qu'elle mangera.

Quelquefois pour nuire à un propriétaire on peut faire disparaître le lait de ses vaches en jetant dans une fourmilière du lait provenant de ses troupeaux.

Lorsqu'on veut sevrer, et pour tarir les glandes, on dépose un peu de lait sur une fourmilière et dans un réchaud, où le feu commence à s'éteindre. Puis on applique un bandage très serré sur les seins pour que le lait passe dans le sang. Pendant la semaine du sevrage, se coucher toujours sur le dos afin que le lait rentre dans les veines ; ne pas manger de choses excitantes. — Si les mamelles sont trop pleines, les recouvrir d'une couche de cendres imbibées d'eau. — Contre les maladies du sein, on porte du côté malade de la poitrine la patte droite du porc-épic.

Circoncision. — La circoncision doit se faire le huitième jour après la naissance, dans la chambre même de l'accouchée ; à ce moment, on donne un nom au garçon (1). — C'est le baptême. — Pour les filles il n'y a rien de semblable ; le nom est donné à n'importe quel moment sans qu'il y ait une fête obligatoire. — Aucun état civil. — Autant de listes de circoncisions qu'il y a de Mohel (circonciseurs) qui peuvent très bien ne pas être rabbins. Pas plus les Juifs que les Arabes ne connaissent leur âge.

A treize ans, « première communion » de l'enfant juif ; cette initiation le lave de toutes les fautes commises jusqu'à ce jour. — La bénédiction nuptiale est une autre purification morale. — Enfin les fautes d'un Juif marié seront excusés si le jour du Grand Pardon, à la synagogue, il se tient debout sur une brique du matin au soir. La Loi ajoute : sur un seul pied.

Mort et funérailles. — Chez les Juifs, après avoir tout épuisé pour sauver le moribond, on le change de lit pour dérouter la mort.

Le malade est à l'agonie et quelqu'un parle haut dans la chambre — l'âme qui voulait s'envoler, effrayée,

---

(1) Abraham est le portier du Paradis, il est chargé de s'assurer si les entrants sont bien circoncis.

s'arrête — l'agonisant reste suspendu entre la vie et la mort. On lui fait boire alors de l'eau provenant d'un bain : il meurt tout de suite, ou il s'en trouve mieux ; quelquefois on remplace l'eau de baignoire par celle d'une veilleuse de synagogue.

Afin de savoir si la personne gravement atteinte mourra ou sera sauvée, on lui donne à boire de l'eau dans laquelle on a délayé des amandes et du sucre pilés ; si elle s'en trouve bien, il y a espoir de guérison ; autrement on la considère comme perdue et on ne s'en occupe plus.

Chez les gens aisés, on arrose le corps avec de l'eau camphrée ou safranée ou avec de l'eau de roses, puis on l'enveloppe dans un linceul.

Aussi longtemps que durent les ablutions, des *Tolbas* (personnes intelligentes) lisent les prières des morts. Et, *aussitôt* la toilette du cadavre terminée, on porte le corps au cimetière. Deux Tolbas se chargent de le descendre dans la tombe où ils le couchent sur le côté droit ; puis la fosse est remplie de terre et tous les assistants se retirent sauf un Taleb (sorcier) qui reste là pour calmer le mort : Suivant la croyance populaire arabe, dès que le défunt est dans la tombe, l'âme lui revient ; il cherche alors à sortir mais en remuant la tête il rencontre la terre et alors il pousse un cri ; c'est pourquoi le Taleb reste là pour l'exhorter à prendre en patience son irrémédiable malheur.

Le deuil se porte selon les habitudes de la famille. Les

uns ne font ni feu ni cuisine à la maison : des parents leur envoient quelque nourriture. D'autres, les gens aisés, offrent un repas, le soir même des funérailles, à tous ceux qui ont assisté à l'enterrement. Certains ne se rasent pas pendant deux ou trois mois ; d'autres ne changent pas de linge pendant un trimestre.

Tous les parents ainsi que les amis intimes restent dans la maison mortuaire pendant trois jours ; les femmes seules peuvent aller au cimetière pendant ces trois jours où les pleureuses professionnelles lisent et récitent des prières sur la tombe en poussant des cris.

Le troisième jour, les familles aisées distribuent des victuailles aux pauvres — *le dîner des Morts* — et, quelques mois après, on construit le monument funéraire.

Souvent on suppose que l'agonie n'est qu'un artifice du diable. Dans ce cas, on offre un sacrifice au Malin : il faut faire saigner une poule sur la tête du moribond et lui frotter les tempes avec le sang.

Il semble qu'un homme est mort, on le lave et on le laisse étendu ; mais un chat passe sur le corps du trépassé. S'il ressuscite, se dresse et se met en colère, il faut l'achever ; même si le ressuscité se sauve dans la rue, il faut le poursuivre et le frapper jusqu'à ce que mort s'ensuive ; c'est qu'une âme impie s'est introduite dans son corps à ce moment. Il faut donc abattre ce corps dans l'intérêt même du défunt.

« Dieu l'a donné, il en a eu besoin, il l'a repris » voilà la consolation de l'Arabe.

Quand l'un d'eux meurt, on lui fait prendre les ablutions comme de son vivant ; celui qui les donne prononce les prières. On commence par lui laver le bas-ventre et les parties génitales avec de l'eau chaude ; on lui lave trois fois les mains, on lui rince la bouche trois fois avec le doigt ; trois fois de l'eau dans le nez ; on lui lave la figure trois fois ; puis on trempe les mains dans l'eau et on les lui passe lentement sur les cheveux, aller et retour une fois, en prononçant la formule : « Dieu seul est Dieu et Mahomet est son prophète ». On lui nettoie les oreilles en commençant par l'orifice, puis intérieurement et extérieurement en disant : « Que Dieu le considère comme ceux qui écoutent la voix de Mahomet ». Ensuite, on lui lave le pied droit, puis le gauche ; on couche le cadavre sur le côté droit, puis sur le gauche ; on couche le cadavre sur le côté droit et on lui lave la moitié gauche du corps avec la main et avec de l'eau chaude de la tête aux pieds ; on le retourne ensuite sur le côté gauche pour laver la moitié droite et on le retourne sur le dos.

Les Juifs aussitôt après le décès, font les prières d'usage, puis déshabillent le mort ; ils l'étendent par terre sur le dos, les bras allongés le long du corps et le recouvrent d'un drap blanc. On pose un cierge allumé du côté de la tête pour chasser les esprits. Autour de la dépouille, les rabbins lisent des prières toujours pour éloigner le diable qui, en touchant le cadavre, pourrait le souiller.

Le mort, avant d'être lavé, entend tout ce qui se

passe autour de lui ; comme il ne peut pas parler, il verse du sang par la bouche.

Pour faire la toilette du cadavre, on l'étend sur une planche toujours recouvert du drap sur lequel on jette de l'eau froide ; on enlève ensuite le drap mouillé et on le remplace par un autre, puis, en dessous du drap, on lave le corps à l'eau chaude et au savon à l'aide d'un morceau de laine ; dans cette eau on a mis de la lavande et des feuilles de roses. Le visage reste absolument caché pendant qu'on frotte énergiquement le corps. On cure les ongles des mains et des pieds. Pour un homme, on introduit le doigt dans l'anus et avec de l'eau et du savon, on nettoie à fond après avoir retiré les excréments ; si c'est une femme, on lave le vagin et le rectum de la même façon. Le drap est changé à nouveau et par dessus on jette de l'eau froide pour le dernier bain. (Cela rappelle les trois plongeons rituels de la femme et aussi les trois bains à la veille du Kipour, ordonnés par la Loi.)

Si le mort est riche on le revêt de drap avant de l'envelopper dans le linceul ; si c'est un pauvre, on lui improvise quelque costume, puis on l'enroule dans le suaire, toujours les bras le long du corps. Une jeune fille est parée comme pour le mariage : henné aux mains et aux pieds, rouge aux lèvres, carmin aux joues, khol aux yeux ; on lui met des bijoux : bracelets, bagues, collier, boucles d'oreilles ; puis on l'enferme dans un linceul. A ce moment, tout près de la tête de la défunte, les femmes présentes crient le *hou-hou* strident des noces.

Les Juifs enterrent leurs morts couchés sur le dos, dans un cercueil découvert, sauf quelques planches sur la tête. Les obsèques suivent immédiatement la toilette du cadavre.

Pendant la vie conjugale, l'homme perd beaucoup de gouttes de sperme et chacune d'elles s'incarne en un bâtard du diable ; lors de l'enterrement de l'un des époux, on jette des monnaies autour de la tombe pour occuper ces bâtards et les empêcher de tourmenter le trépassé.

S'il y a sécheresse, on attache un morceau de linge au pouce droit du défunt pour lui rappeler de demander la pluie à Dieu.

La planche à laver des cadavres est exposée à la porte dès la levée du corps, elle y reste trois jours pour détourner le malheur à venir.

Il est interdit de « laisser entrer la mort dans la ville » (un cadavre) ; Arabe, Juif ou Européen mort de mort naturelle ou tué hors les murs ne peut être apporté en ville. A Marrakech, on place le corps dans une Nzalla, niche dans la porte de Bab-el-Khmis, en attendant qu'on puisse le porter au cimetière de quelque proche village, voire jusqu'à Mazagan, s'il s'agit de grands personnages. (Marrakech n'a pas de cimetière hors les portes.) Le Juif mort à Médina, ne pouvant être apporté au Mellah, est enterré au cimetière arabe.

Toute la semaine d'après le décès, les parents vont chaque soir au cimetière, pieds nus, ou avec des babouches de drap aux semelles de carton ; sur la tête ils ont des capuchons noirs. Sauf ces visites au cimetière, on ne quitte pas la maison, excepté le samedi pour aller à la Synagogue et alors on peut se chausser.

Pendant ces huit jours de grand deuil, les proches parents du mort ne s'asseoient que du côté gauche de la chambre, ne se lavent pas, ne changent pas de linge et se privent de viande.

Dans la chambre mortuaire, si le défunt est un homme, on garde allumée pendant trente jours une veilleuse de verre qui est ensuite donnée à la synagogue ; si c'est une femme, la veilleuse est en fer blanc. — De toute l'année, on ne se fait pas de vêtements neufs et on ne touche pas aux cheveux et à la barbe ; tout projet de mariage ou de fête est remis à l'année suivante.

Polygamie. — On a le droit d'épouser jusqu'à trois femmes à la fois, surtout si on n'a pas d'enfants avec la première ou la seconde. — Lorsque les femmes ne sont pas d'accord, le mari est obligé d'avoir une maison pour chacune d'elles et de passer quinze jours alternativement dans chaque domicile.

Divorce. — L'homme peut demander le divorce, même pour le moindre motif : la femme ne sait pas faire la cuisine, elle est sortie sans sa permission, elle a regardé un autre homme, etc. A plus forte raison si elle est stérile.

On avertit le grand rabbin et le mari quitte le domicile conjugal en envoyant des aliments à son épouse. Le huitième jour de cet abandon, le notaire (1) rédige les papiers nécessaires et le mari restitue à sa femme la dot qu'elle était obligée de lui apporter (ktouba); cette dot se compose d'effets, de bijoux et d'argent. Le grand rabbin signe l'acte préparé par le notaire et le divorce est accompli en huit jours

Un homme, après avoir divorcé avec sa femme, peut l'épouser à nouveau autant de fois qu'il le veut; mais il peut empêcher son ex-épouse de se remarier avec un autre homme; lorsqu'il veut le lui permettre, il prononce devant le rabbin la formule suivante : « Ma femme est impure pour moi et pure pour les autres. » Dans ce cas, elle peut se remarier dès le lendemain. Le fait d'avoir prononcé cette phrase ôte au mari la possibilité de reprendre sa femme, du moins avant qu'elle soit l'épouse divorcée d'un autre.

Les enfants survenus pendant le mariage restent à la charge du père; lorsqu'il y a un enfant au sein, le père divorcé doit subvenir aux besoins alimentaires de son ex-femme jusqu'au moment où l'enfant pourra se passer des soins maternels.

(1) Les notaires sont rabbins = sophrim; analogues aux Addouls.

Quelquefois l'épouse peut demander le divorce. — Il lui faut des motifs très sérieux. — Si le mari accepte, elle est obligée de lui abandonner toute sa dot ; s'il n'accepte pas, le divorce est impossible. L'épouse est une sorte d'esclave qui ne mange pas à la même table que son mari ni avant lui et qui, à tous les points de vue, se trouve dans un état d'absolue infériorité.

CHAPITRE II

COUTUMES SE RAPPORTANT AUX DIFFÉRENTES CIRCONSTANCES DE LA VIE SOCIALE ET DE L'EXISTENCE DES INDIVIDUS

Soins du corps. Système pileux. — Pour ne pas être confondus avec les mécréants, les Juifs doivent être marqués par neuf signes distinctifs, prescrits par la Loi :

1-2. Deux carrés de cheveux aux tempes, au-dessus des oreilles (peya, au pluriel peyot), tandis que le reste de la tête est rasé.
3-4. Moustaches.
5. Barbe à laquelle il ne faut pas toucher conformément à la loi mosaïque qui dit : « Ne les imite pas ! » (Chrétiens et Musulmans qui coupent leurs poils).
6-7. Ne pas toucher aux poils de dessous les bras.
8. Garder de même ceux du mont de Vénus.
9. La petite languette prépuciale.

En résumé, on peut se raser, sauf les peyot, mais il

est interdit de toucher aux poils du corps. Ainsi tout poil arraché ou coupé au pénis retarde d'un an le mariage d'une jeune fille. Mais cette interdiction ne s'applique pas aux femmes mariées qui doivent au contraire se faire épiler. Généralement, d'ailleurs, les obligations sont surtout imposées aux hommes, la femme étant trop peu de chose pour suivre la Loi, du moins jusqu'à la maternité. Alors ses péchés retomberaient sur ses enfants jusqu'à la troisième génération. Les jeunes filles jouissent d'une complète liberté et elles en abusent souvent.

Les cheveux d'une Juive mariée ne doivent plus être vus, pas même par son mari. Aussitôt après la bénédiction nuptiale, la chevelure de la jeune femme est à jamais cachée sous deux foulards ; l'un en soie pour couvrir la tête et les tresses (*fstoul*), l'autre pour le devant des cheveux *Kydile* ou *Sebnia*. — La femme, pour se coiffer, se cache dans le coin le plus obscur et le plus retiré de la chambre, car ses cheveux ne doivent même plus paraître à la lumière.

L'enfant juif est rasé à l'âge d'un an.

Pâtes épilatoires. — Zeruekh (pierre jaune composée d'une sorte d'écailles), chaux vive et savon mou noir ; on en fait une pâte dont on garnit les poils pendant très peu de temps, on lave ensuite à l'eau chaude et les poils s'en vont.

Contre le duvet sur le front ou sur les joues on emploie une pâte composée de jus de citron et de sucre qu'on travaille jusqu'à ce qu'elle devienne élastique. On l'applique sur les parties à épiler et, lorsqu'on l'arrache, le duvet vient en même temps ; le duvet ne repousse pas vite après ce traitement et, de plus, cette pâte a l'avantage de rendre le teint frais. — Pour épiler, on met une couche de cendres chaudes et on arrache les poils avec une petite pince. — On se sert encore de mastic mâché et chauffé.

L'épilatoire courant des Arabes de la campagne est le *Kméat-el-Mahon*, herbe ressemblant au blé dont le contenu des grains est poisseux ; on recueille ce jus qu'on étend sur les parties à épiler. Cette même plante guérit aussi les piqûres de guêpe.

Pour égaliser la ligne des sourcils. — On emploie de la sandaraque blanche, dont on applique une couche sur l'épiderme pour l'arracher ensuite avec les poils — Un petit bêton de sandaraque est excellent contre l'inflammation des yeux ; on le trempe, le matin, dans de l'eau de puits, puis on l'introduit entre les deux paupières à l'instar d'une baguette de khol.

Pour faire pousser les cheveux. — Piler des feuilles d'aloès avec du roseau vert et du henné, en composer une pâte avec de l'eau. Laisser sécher cet emplâtre sur la tête, puis laver au savon de *Rassoul* (1) et recommencer.

---

(1) La saponaire s'appelle *Rassoul-el-Berri* (de terre) pour la distinguer des saponaires des bords de la mer et des marais salants, *Rassoul-el-Bahrri*.

Les savonniers fins se servent de cendre d'amandier de préfé-

Un autre moyen pour faire pousser les cheveux est le Zernekh jaune (pierre) pilé et délayé dans de l'huile. Frictionner le cuir chevelu avec cette huile, ou encore avec une peau de serpent mué placée sur la tête.

A la nouvelle lune, les femmes coupent le bout de leurs cheveux. On taille les cheveux de l'enfant d'après la coupe que la tradition attribue au Saint Patron auquel l'enfant est voué.

Pour assouplir, on fait macérer dans l'eau jusqu'à ce qu'elle devienne poisseuse, des pépins de coing et des grains de lin. Pendant une semaine, tous les matins, se laver les cheveux avec cette lotion. Au bout de cette huitaine de traitement, enduire les cheveux, avant de les peigner, avec de l'huile, dans laquelle on a mis des roses du Tafilet et de l'absinthe pilée.

Teintures et fards.— Pour donner une couleur noire très foncée, on s'applique sur les cheveux de l'huile où on a délayé de la poudre de « bois noir » de teinturier.

Pour blanchir la chevelure d'une femme à laquelle on en veut, on presse le contenu de l'estomac d'une chamelle dans de l'huile et on en met un peu sur les cheveux de celle qu'on vise, sans qu'elle s'en doute ; à moins qu'on

---

rence ; lorsqu'ils ne peuvent s'en procurer, ils prennent celle de l'olivier ou du lentisque ou encore du tamarin, ils y ajoutent de la cendre de soude, *En-Ndjil*, et à défaut, de la chaux. La soude réduite en cendres est employée pour la lessive.

ne préfère glisser un peu de cette mixture dans la brillantine servant à la victime.

Le henné, qui donne une couleur rousse, n'est ici qu'un remède ; il fait pousser les cheveux et diminue les maux de tête et d'yeux ; on y ajoute du safran, l'azroud, des fleurs de jacinthes et du taouserbint.

Khol. — Une façon de le fabriquer est de maintenir une petite soucoupe en terre remplie de cendre mouillée, au dessus d'une mêche qui brûle ; la suie qui se forme à l'extérieur est du khol falsifié. Le vrai khol se compose d'une pierre noire et brillante, facile à piler (sazlt) : cette pierre est laissée dans l'huile chaude pendant quelque temps, puis elle est retirée et pilée, on y ajoute, en poudre, un noyau d'olive et un noyau de datte brûlés, une perle, un corail grillé, du vert-de-gris, du sulfate de cuivre, du bois de santal carbonisé, deux grains de poivre, un peu de gingembre — mélangez le tout.

Les femmes arabes emploient pour l'application du khol, une baguette de laurier ; les Juives riches un bâtonnet en argent : elles passent cette baguette chargée de poudre sèche entre les cils.

Ce khol mélangé à un peu d'huile est ordonné comme remède interne contre les douleurs intercostales et la dyspepsie.

Autre recette : antimoine, noyaux d'olives et d'amandes brûlés et pulvérisés, bile de hérisson et quelques grains de poivre pilés. C'est la composition du khol en usage au

Dar-Maghzen. Les déchets d'antimoine, provenant de la fabrication de ce fard, servent à vernir les poteries.

Aux nouveaux-nés, on met un peu de khol pendant les premiers jours pour qu'ils aient de beaux yeux; on s'en sert d'ailleurs couramment pour les enfants ; le khol *donne de la lumière aux yeux.*

Pour les pieds et les mains, on emploie le henné : les femmes se teignent en brique la paume des mains et les ongles ; les ongles des pieds, la plante et le talon.

Le carmin en poudre délayé dans l'eau est appliqué, à l'aide d'un chiffon, sur la gorge et les joues. Pour avoir un beau teint frais on se frotte les joues avec de l'eau de roses dans laquelle on a mis des amandes d'abricots grillées et pilées ou bien on se savonne à l'eau chaude. Dans le même but, on se lave le visage avec une eau contenant de l'écorce de radis roses broyée, on emploie aussi la tige du « Bou Ghid ».

Le Bou Ghid, coupé en morceaux, enfilé en chapelet pour être séché, puis pulvérisé et délayé dans l'eau, donne une lotion de toilette fort appréciée pour se laver le soir, avant le coucher, afin d'avoir le teint très frais le lendemain.

Pour se noircir la lèvre inférieure les femmes se mettent de l'eau de noyer (Souâk).

Le *Harkhouss* est une composition noire pour les sourcils, on s'en sert également pour se faire des points noirs sur le menton et les lèvres.

Parfums. — On ne fabrique que l'eau de roses, l'eau de fleurs d'oranger et le *Touah*; ce dernier est un composé de lavande, clous de girofle, roses, jacinthes et safran macérés dans du vin. Ce produit se vend tout préparé et sert à parfumer la chevelure (Arabes et Juives).

Tatouages. — Ni les Chleuh ni les Berbères ne se tatouent. Les Arabes seuls font grand cas de cet ornement capable de contribuer à la beauté de leurs femmes.

Certaines tribus sont particulièrement réputées pour la finesse et l'art de leurs tatouages ; c'est ainsi qu'on dit : « Il n'y a de beaux chevaux qu'en Abda et de fins tatouages qu'en Doukkala. »

Les tatouages adoptés par certains douars — au même titre que la façon de porter les cheveux — en souvenir du fondateur qui invente une marque déterminée, servent de signe distinctif pour faire reconnaître la tribu à laquelle on appartient.

Les tatouages sont parfois employés au Maroc — comme il est d'usage en Arabie — pour préserver de certaines maladies ou les guérir, ou encore pour écarter quelque menace de mauvais sort.

Pour une foulure, on fait, autour du poignet, un tatouage en bracelet serpentin, les courbes dépassant les limites du mal vers la main et vers le bras. On tatoue de même sur les tumeurs, les kystes sébacés. Contre l'hydarthrose, on fait un tatouage sur la partie interne du genou, derrière la rotule.

Un tatouage très répandu est celui employé contre la *Taba* (la poursuivante) qu'on appelle aussi *T'biia* ; c'est le génie de la malechance qui poursuit surtout les enfants, contrecarre la richesse, la réussite, le bonheur.

— Ce tatouage, constitué par deux angles aigus croisant leurs côtés de façon à former un losange, est surtout porté par les femmes qui ont l'habitude de perdre leurs enfants, quand on suppose que ces malheurs arrivent par maléfice et que c'est la *Taba* qui est coupable (1). Ce tatouage se fait alors sur le tendon d'Achille au dessus du talon. Le dessin est tracé avec une aiguille qui pique la peau, on introduit dans les piqûres de la poudre à canon et on y met le feu. Cela marque en bleu et c'est indélébile.

Un tatouage provisoire est dessiné sur la cheville ou sur les poignets avec un couteau, on saupoudre de henné ; fantaisie élégante chez les femmes arabes et saignée en même temps.

Porte-bonheur et Porte-malheur — Présages Euphémismes

On doit entendre et prononcer, au lever du jour, comme premier mot, un nom de bonheur, de bon présage, tel que *Salem* (saint), *Missoud* (fortuné), *M'Barek*

---

(1) Ce tatouage est une manière abrégée de tracer le sceau de Salomon.

(béni), *Fréha* (qui provoque la joie); aussi donne-t-on généralement des noms semblables aux esclaves, parce que ce sont les premiers qu'on appelle en s'éveillant ou qu'on entend appeler. — Le matin, en quittant sa chambre, si on aperçoit quelqu'un avant d'avoir levé les yeux au ciel et si un malheur arrive dans la journée, la personne rencontrée en aura été la cause indirecte, car on l'a vue avant de saluer Dieu. — Il faut éviter comme première rencontre du jour un borgne, il représente le *Chitame*, ou un homme à sourcils froncés ou à sourcils couverts ; ils portent le mauvais œil. — La vue d'un lièvre à l'aube, mauvais présage ; — d'un chacal, bon présage ; — deux serpents enroulés ensemble pour la copulation, très bon présage; on doit les recouvrir en jetant sa djellaba par dessus. — C'est une promesse de bonheur très grand lorsqu'on trouve un objet quelconque dans le ventre d'un poisson : métal, verre, etc.

Un des présages les plus terribles, est de se trouver dans la bissectrice de l'angle formé par les jambes d'une femme accroupie pour uriner, c'est le *Khôrb* (angle ouvert) signe de très grand malheur : mort certaine, la tente ou la maison se videra ; même si l'on est à une très grande distance, l'effet est le même. — Il y a aussi un angle fermé qui est très mauvais : c'est le sommet de l'angle formé par le morceau de bois qui sert à attacher, au bord du toit de la tente arabe, les cordes de tension transversales. Si cette pointe est dirigée exactement vers un douar, même très éloigné, elle entre dans le cœur du douar qui doit disparaître. Aussi se garde-t-on bien de jamais orienter une tente de façon à ce que cet angle de bois menace un village. Lorsqu'on ne peut faire autrement, on supprime la pièce en question.

On empêche les enfants de jouer aux osselets dans l'intérieur de la maison, car ce jeu provoquerait inévitablement la brouille dans la famille. — Il en est de même pour les jeux qui consistent à faire fonctionner, avec les doigts, des combinaisons de ficelles.

Le coquillage *El ouda*, qui sert de monnaie au Soudan, préserve des diables, ainsi que le sel, le charbon, la main et le couteau. — Si un coq monte sur le cheval du maître c'est un présage de mort pour le maître ; on en détruit l'effet en tuant le coq. — Rencontrer un nombre impair de corbeaux ou un seul est signe de malheur pour celui qui part en voyage. Au contraire, un nombre pair est signe de réussite ; le bonheur est plus certain encore lorsqu'on voit deux corbeaux volant l'un derrière l'autre, ce qui fait supposer que la femelle est poursuivie par le mâle. — Le cri du hibou porte malheur. En sorcellerie, si on fait manger l'œil gauche d'un hibou à quelqu'un on le prive de sommeil, tandis que l'œil droit fait dormir. On ne doit pas prononcer le nom de cet oiseau ; il faut dire : « Celle de la nuit. » — Toute personne qui a touché des piquants de porc-épic cassera la vaisselle très facilement. Lorsqu'une fille ou femme brise de la vaisselle on demande : « Où a-t-elle bien pu trouver des dards de porc-épic ? » — Un rat a rongé un morceau de pain, celui qui en mange perdra la mémoire. — Si un chien hurle pendant la nuit, quelqu'un va mourir dans la maison.

Celui qui grince des dents en dormant sera orphelin : on dit qu'il « mange la tête de ses parents. » — On ne doit pas appuyer la tête sur les mains, car on perdra ses parents ; c'est l'attitude de la tristesse. — Ne pas soupirer : ennui, chagrin. — Éviter, en présence d'amis, de croiser les bras. C'est un signe de mélancolie et c'est fort discourtois pour les personnes avec lesquelles on se trouve. — Ne pas croiser les doigts non plus, c'est crier : séparation. — Perdre l'habitude de se dandiner en parlant afin d'éviter une mauvaise fin. — Celui dont le pied s'incline à droite en marchant a de mauvaises chances ; à gauche, c'est signe de bonheur. — Très mauvais d'avoir les pieds plats ; le pied cambré porte bonheur. — Agitation des paupières, pour l'œil droit : bonnes nouvelles ; pour l'œil gauche : mauvaises nouvelles. — Sifflement d'oreilles : quelqu'un parle de vous, c'est la première personne qui se présente à la mémoire. — Démangeaison à la main droite, on va recevoir de l'argent ; à la main gauche, on en donnera. — Celui qui déchiquette la viande avec les doigts au lieu de couper avec un couteau sera pris de tremblements. — Une démangeaison à la lèvre supérieure indique l'arrivée d'une personne absente ; à la joue droite, on apprendra la mort de quelqu'un ; à la plante du pied droit, on voyagera bientôt. — Les crêtes de coq ou excroissances sont des porte-bonheur ; on ne les enlève pas, si elles tombent d'elles-même il y aura un malheur dans la maison. En général toutes les excroissances du corps portent bonheur. — Si les taches blanches sur les ongles sont rondes, elles portent bonheur ; mais on recevra une mauvaise nouvelle si on a une tache allongée sur un ongle de la main droite.

Les cheveux qui restent attachés au peigne et les rognures d'ongle sont détruits immédiatement de peur que les ennemis n'en abusent en s'en servant, au moyen de la sorcellerie contre leur propriétaire. En effet, par la sorcellerie, on peut mésuser terriblement de ces déchets en faisant ce qu'on veut de la personne à qui ils appartiennent.

Un peigne prêté à une autre femme ne doit plus servir à sa première propriétaire sous peine de constantes migraines.

Éviter de donner à un ami : poignard, couteau, aiguilles, ciseaux ; tous ces objets coupent l'amitié. — Il ne faut pas, non plus, jeter de l'eau sur un ami : séparation. — Si on veut s'en faire beaucoup aimer, il faut changer de babouches avec lui. — Une babouche renversée mise devant une porte empêche les gens de pénétrer ; l'amoureux, en entrant, a soin de retourner sa babouche au seuil de la chambre, ainsi il est sûr de ne pas être dérangé. — Voir une babouche sur une autre est un signe de départ.

Le linge réservé à un enfant ne doit jamais être souillé par une femme indisposée sous crainte que le bébé n'ait des boutons. Ceci est aussi vrai pour le linge qui ne lui sert plus.

L'impureté de l'adultère provoque l'incendie de la maison où la femme infidèle est entrée. Toutes les fois qu'un objet est détruit par le feu ou quand on se brûle, on recherche quelle est l'impure qui a pu entrer dans la chambre.

Un verre cassé dans une maison en emporte tout le malheur, il en est de même d'un miroir qui se brise. — Celui qui perd sur sa marchandise se console à l'idée que ce malheur lui en a évité d'autres plus grands.

Oracles. — Le sang de mouton tué à l'Aït-el-Kébir est reçu dans un plat où l'on a jeté sept grains d'orge, du charbon et du sel. On dit : « O présage, ô oracle, apporte-moi la nouvelle de tout bien et dis-moi ce qui arrivera dans l'année ». On laisse coaguler le sang ; s'il se forme des dépressions à la surface ou des trous ronds, signe d'abondance, ils représentent les silos ; si ce sont des dépressions allongées, présage de mort, forme de tombe ; si du sérum surnage en globules détachées, signe de pluie. Y trouve-t-on un brin de laine de mouton : abondance dans le troupeau ; un fétu de paille y est tombé : abondance dans les récoltes. — Après qu'on a dépouillé un agneau, on examine la partie interne de la peau, au niveau des flancs, où deux poches se forment. Si ces poches sont gonflées : présage de richesse pour la propriétaire ; si les poches sont plates, misère. — Si au moment où on l'égorge, le mouton se relève et court : grand bonheur pour l'année et très bon signe pour la personne contre laquelle il vient de se jeter.

Les gens manquent rarement de consulter l'omoplate de mouton qu'on retire du plat. Les Sahariens y croient beaucoup, cela remplace le marc de café dans leur vie nomade ; ils en prennent avis surtout pour décider quel chemin préférer afin d'éviter une attaque.

Présages se rapportant aux jours de la semaine. — Celui qui s'est battu le samedi aura des ennemis le lendemain. — On ne doit rien prendre le samedi, rien toucher, pas même la main d'une personne inconnue : cela porte malheur. — Quelqu'un mort dans certaine chambre, est enterré le samedi soir ; désormais, il ne faudra rien sortir de cette pièce le samedi soir. — Les mots suivants ne doivent pas être prononcés le soir du samedi : œuf, ciseaux, aiguille, charbon ; ils sont remplacés par des euphémismes : l'enfant de la poule = œuf ; pomme = charbon ; clef = aiguille ; l'exact = ciseaux. — La personne sur laquelle une araignée passe le samedi soir fera fortune. — Éviter de voir un rat le soir du samedi.

Celui qui a dormi dans une chambre la nuit du vendredi ne doit pas découcher le lendemain.

Ceux qui ont quitté le deuil un dimanche ne devront plus jamais se laver ni changer de linge ce jour là.

Vœux. — Pour le rétablissement d'un malade, on

promet de jeûner pendant huit jours tous les ans exactement à la même époque.

Poudres pacifiantes. — Lorsqu'on se querelle beaucoup dans une maison, on répand dans la chambre une poudre composée de : henné, lavande, poudre sakta, noyaux de dattes ; poudre qu'une veuve a dû au préalable se passer sur le corps.

Pour séparer deux tribus ou deux partis qui sont sur le point d'en venir aux mains, on répand entre eux une mixture ainsi dosée : terre de la tombe d'un aveugle, urine d'un aveugle, cendre laissée dans un foyer le samedi, cendre du jour du Kipour. — Les Arabes viennent demander cette cendre aux Juifs.

Pour se moquer de quelqu'un. — On fait sécher au soleil un morceau de foie de bouc, puis on le pulvérise et on en met un peu dans le plat de la victime ; des vers se mettent à grouiller immédiatement. Ou bien, on se procure du lait d'une chienne qui vient de mettre bas pour la première fois, le farceur y trempe une mèche de coton qu'il tâche de brûler le soir chez sa dupe. Dès qu'il quitte la chambre, les personnes qui s'y trouvent se mettent à aboyer.

Euphémismes. — En parlant d'une bête, il ne faut pas dire qu'elle est noire ; ainsi si l'on veut parler d'une mule noire, on dit : une mule verte, de peur qu'elle ne meure.

Il y a des choses qu'on ne doit pas désigner ouvertement, des mots qu'il ne faut pas prononcer par crainte d'attirer le malheur, d'appeler les diables : pour désigner la piqûre *mortelle* de la vipère on dit la piqûre *vivante* (el Kerset el haya). — Nous avons vu plus haut comment il fallait désigner le hibou (celle de la nuit) et les mots qu'il ne fallait pas prononcer un samedi.

Mentalité. — Croyances, préjugés, superstitions, phénomènes météorologiques

Histoire racontée par un taleb. — Un sorcier apporte avec lui un lézard d'une espèce particulière, à longue queue ; il le laisse tomber devant un groupe d'hommes, la queue du reptile se brise et s'agite à terre. Aussitôt les assistants se dépouillent inconsciemment de leurs vêtements et s'agitent dans de frénétiques contorsions reproduisant les mouvements de l'appendice détaché du lézard.

Le porc-épic était un Juif forgeron qui fabriquait de mauvaises flèches pour les vendre aux musulmans. Allah le maudit et le transforma en porc-épic.

On ne donnera jamais aux enfants du cœur ou du foie de poulet car ils pourraient devenir lâches. On ne leur fait pas manger des rognons car cela leur ferait pousser des loupes sur la tête, à moins que les rognons soient offerts par l'oncle maternel. Les petits enfants ne doivent pas jouer, le soir, avec des brindilles enflammées, afin de ne pas s'oublier au lit dans la nuit.

Pour reconnaître si une femme assassinée est juive ou arabe, on se blesse légèrement un doigt au-dessus du cadavre : le sang coule si c'est une Juive, il ne coule pas si c'est une Arabe.

On fait la même opération pour savoir si un os de mort appartient à un Arabe ou à un mécréant. C'est le seul moyen d'enquête employé, mais il est décisif.

On ne doit pas tuer les araignées chez les Juifs parce que Moïse quittant l'Égypte la première fois se réfugia dans une caverne devant laquelle une araignée vint tisser sa toile ; grâce à ce voile délicat, les poursuivants furent dépistés.

Œuf de coq. — Le coq resté pendant sept ans dans une basse-cour pond, à la fin de la septième année, un œuf d'or dont les Tolbas se servent pour découvrir les trésors. Pour cela on place l'œuf sur la place soupçonnée et s'il y a un trésor la terre s'ouvre d'elle-même. — Mettre cet œuf dans un coffre contenant de l'argent ou du blé, le coffre sera toujours plein.

Feux-follets (El Kimia). — Boules de flammes vertes à reflets jaunes qui roulent la nuit, même dans une chambre. Lorsque celui qui en rencontre une a la présence d'esprit d'uriner dessus, il la transforme en boule d'or. Si on a pu la saisir et la mettre dans un coffre, ce dernier sera toujours plein. Lorsqu'on aura seulement touché la boule, « la main restera chanceuse ». Si le secret est divulgué, la chance s'en va, la *kimia* n'agit plus.

En distillant de l'eau-de-vie, le feu follet sort parfois par le tuyau de l'alambic ; bon signe : l'alcool coulera à flots, on en pourra remplir toutes les jarres de la maison. Condition essentielle : une seule personne doit l'avoir aperçu et ne pas en parler. Dans le cas contraire, il se produit une explosion à l'intérieur de l'alambic, l'alcool est perdu. Cette superstition est juive.

Une autre espèce de *Baraka* (bénédiction) — par confusion *kimia* (feu follet) : — Un beau matin, on trouve dans son lit ou dans sa poche quelques monnaies d'argent : tous les matins, on trouvera le même nombre de pièces ; mais si on en parle, l'argent se changera en cuivre.

Chiromancie. — Pour un homme, on examine la main droite ; pour une femme, la main gauche. Autrement rien de vrai.

Tremblements de terre. — La terre ne bouge pas, elle est portée sur la corne d'un taureau, lequel repose sur un poisson qui se tient à la surface de la mer, la mer est portée par la puissance divine. Lorsque le taureau est fatigué, il change de corne : tremblement de terre. La lune représente, pour les Juifs, la figure de Moïse. — On ne doit pas se coucher du côté éclairé par la lune, car on serait pris de migraine et de fièvre ; pour s'en guérir, il faut marcher pendant toute une journée au soleil.

Chacun a son étoile correspondante dans le ciel.

L'étoile filante représente une personne médisante, morte ; de même que sur la terre les gens fuient les mauvaises langues, de même les étoiles de ces personnes sont chassées de partout dans le ciel.

Une comète annonce sûrement la mort du sultan ou d'un très grand personnage (1).

Éclipses. — Le soleil et la lune pâlissent de tristesse lorsque quelqu'un de très important doit mourir ou que doit venir une grande famine ou quelque épouvantable épidémie.

La foudre est la colère de Dieu qui punit les hommes ; lorsqu'il n'y a pas lieu de châtier, le Tout-Puissant calme son irritation en faisant descendre le feu du ciel dans la mer.

Le tonnerre est provoqué par une bataille entre les anges ; les uns veulent détruire le monde, les autres veulent les en empêcher.

Les nuages sont de grandes éponges qui descendent dans la mer où elles s'imbibent d'eau, puis elles remontent vers le ciel et dégouttent sur la terre par la volonté divine, lorsque les hommes marchent dans les voies du Seigneur.

Pour faire tomber la pluie, les Arabes font journellement des prières en dehors de la ville ; les Juifs jeûnent

---

(1) Rappelons qu'Edouard VII est mort lors de la dernière comète.

deux fois par semaine : le lundi et le jeudi. Après avoir imploré, ces derniers se réunissent dans la rue et sonnent du cor afin que Satan, qui plane entre le ciel et la terre et empêche les prières d'arriver jusqu'à Dieu, s'enfuie, croyant à l'arrivée du Messie annoncée par les fanfares. De cette façon Dieu entendra la demande qui lui parvient par les quatre portes du ciel grandes ouvertes et enverra le nuage bienfaisant. Si la sécheresse persiste, on circoncit un enfant nouveau-né dont on achète à la famille le droit de circoncision publique ; l'opération se fait dans la rue. Le rabbin officiant meurt si la prière est exaucée, et Dieu, pour punir les hommes de lui avoir forcé la main, envoie quelque épidémie.

La grêle est un fléau envoyé par Dieu pour détruire le travail des hommes. S'il tombe des grêlons tachés de sang, c'est bien mauvais signe.

L'arc-en-ciel date du Déluge, c'est un *aman* (pardon) que Dieu accorde aux Juifs. On ne voit l'arc-en-ciel que pendant les années où les hommes se conduisent très mal ; le Tout-Puissant le leur montre pour les avertir qu'il connaît leur conduite et pour les ramener à la vertu.

Le vent est un courant d'air. Lorsque les hommes sont trop accablés par la chaleur, l'Éternel ouvre une porte du Ciel pour donner de l'air à la terre. — Au contraire, le siroco vient par une porte de l'Enfer.

Revenants et Fantômes. — Vampires = Sefaf in dem (suceurs de sang). Ce sont des esclaves noires qui proviendraient de Nyam-Nyam (tribus anthropophages = ce qui a dû donner naissance à cette croyance). On les reconnaît à leurs dents limées en pointe et à leur regard extrêmement brillant. Il arrive qu'un de ces vampires, venant acheter quelque chose dans une boutique, se mette à fixer le marchand : celui-ci sous l'influence du regard, perd connaissance ; le sang se retire de ses veines pour passer dans le corps du vampire sans qu'il y ait contact. Si la chose se renouvelle, on constate que le vampire engraisse à mesure que sa victime dépérit.

Quelquefois le vampire abandonne sa peau pendant la nuit afin de circuler dans l'ombre et se repaître de sang. Au matin, le vampire réintègre sa dépouille ; mais si l'on a mis du sel dans la peau vide, le vampire meurt au moment où il veut s'y réintroduire.

Lorsqu'une esclave est convaincue de vampirisme, on a le droit de la tuer et de se faire rembourser sa valeur par le marchand qui l'a vendue. Le Cadi peut être appelé à prononcer en pareil cas. On raconte qu'on en détruit beaucoup du côté d'Oued-Noun avant que les caravanes qui les amènent pénètrent au Maroc, et après les avoir bien examinées.

Le revenant est l'âme d'un individu ayant péri de mort violente, qui revient errer sur la terre sous sa forme humaine : il se plaint, il gémit. — La spécialité malfaisante des fantômes est de chatouiller les gens qui deviennent fous en riant. Le fantôme revient surtout à l'endroit où la personne a été assassinée. Pour conjurer les revenants on amasse des pierres sur tout endroit où un meurtre a été commis, afin que le poids du tas de pierres empêche l'âme de sortir du sol. — On fait de même en Corse. — Les Juifs creusent le sol afin d'enlever toute trace de sang répandu par violence ; ils le font par crainte des diables, qui ne manqueraient pas de jouer des mauvais tours à ceux qui fouleraient le sol où le sang du crime a séché. — Il en est de même en Égypte, chez les Arabes.

Ces fantômes ont une forme, un corps, mais ils sont impalpables.

Immortalité de l'âme. — Lorsque le décédé était bon, son âme va animer quelqu'oiseau pur, une colombe de préférence qui vole directement vers le Paradis. Mais si le défunt avait commis beaucoup de péchés sur la terre, son âme passe dans un objet quelconque : arbre, pierre, ou dans le corps d'un animal impur, chien, crapaud, etc. A la mort de l'animal, l'âme se dirige vers le ciel et prend sa place au paradis, car elle a expié sa peine sur la terre. — Il faut un séjour d'un an dans ce corps-purgatoire avant que l'âme libérée puisse s'évader, mais on peut la délivrer plus tôt en faisant une prière devant l'objet qui la renferme, ou si elle se trouve emprisonnée dans le corps d'une bête impure, en prononçant le nom du Très-Haut devant l'animal. On peut encore faire offrir en holocauste cet animal par un sacrificateur qui dira les prières d'usage. Si l'âme coupable anime un chien, on fait assister le quadrupède à quelque circoncision.

Lorsque Dieu oublie l'âme pendant plus d'une année dans le corps-purgatoire, celle-ci se plaint à l'Éternel qui la libère immédiatement : elle va alors au Paradis ou bien elle reste sur terre, pour animer un homme qui sera bon. — La femme enceinte qui a eu un parent riche ayant fait beaucoup de bien va pleurer sur sa tombe pour que l'âme du défunt vienne animer l'enfant qu'elle porte dans son sein. (Voir la note 1 à la page 304.)

. . . . . . : . . . .

Rêves et Cauchemars — Somnambulisme. Soporifiques

Le sommeil est une petite mort : l'esprit quittant le corps tandis que l'on dort, on doit se coucher sur le côté droit et faire la profession de foi avant de s'endormir, on fait ainsi de meilleurs rêves ; le musulman doit être couché dans sa tombe sur le côté droit.

Théorie du rêve. — Pendant le sommeil, l'âme abandonne le corps et va visiter d'autres âmes. Ce que nous voyons et entendons en rêve, ce sont les choses que l'âme voit et les conversations auxquelles elle prend part dans ses pérégrinations. Aussi ne doit-on jamais réveiller brusquement un dormeur, car, s'il rêve à ce moment, l'âme peut ne pas avoir le temps de réintégrer le corps et l'homme peut mourir aussitôt.

Un petit garçon qui rit en dormant, rêve que son père va mourir, il est content d'hériter de ses armes ; s'il pleure, il rêve qu'il va perdre sa mère et qu'il sera privé de ses soins et de son affection. Pour les fillettes, c'est le contraire ; si elle rit dans son sommeil, elle assiste à la mort de sa mère qui lui laissera ses bijoux en héritage ; si elle pleure, son père mourra ; elle n'a rien à attendre après son décès.

Un bébé qui dort sur le côté et dont la main fermée retombe sur les reins, voit sûrement à ce moment des petits enfants morts, des anges qui pleurent pour avoir des aumônes. Les parents doivent distribuer des gâteaux et des monnaies à des enfants vivants, afin de préserver leur propre enfant du malheur.

Quand on a fait un mauvais rêve, pour en détruire l'effet on va le raconter à la fosse d'aisances.

Invocation pour voir l'avenir en rêve. — Il faut prononcer le verset du Coran sur la nuit du Kader (L'iillaht el Kader) (1) « Nous l'avons fait descendre (le

---

(1) La nuit de Kader, c'est la nuit où le ciel s'ouvre, où l'on voit un grand rayonnement, où les anges mettent en rapport la créature avec la divinité et où toute prière est entendue de Dieu. C'est dans une nuit semblable que le Coran a été livré aux croyants ; 27ᵉ jour du Carême (Ramadan). *Ce sont probablement des aurores boréales ou des effets de lumière zodiacale.*

Coran) dans la nuit du Kader, sais-tu ce que c'est que L'iillaht el Kader? L'iillaht el Kader est supérieur à mille mois; les anges et les âmes y voyagent par la volonté de Dieu et cette nuit-là est préservée de tout mal jusqu'à l'aube. » Et on ajoute : « Je te prie par ton nom superbement grand de me faire apparaître en rêve ce qui doit m'arriver ; si c'est du bien, fais moi voir du vert, du blanc ou de l'eau courante ; si c'est du mal, montre moi du rouge, du noir ou du feu brûlant (1). »

Signification des rêves. — Celui qui s'est vu dans un jardin aura une vie très heureuse ; — de l'eau pure = il vivra bien ; — se trouver dans la mer = il faudra batailler ; — s'il se noie et ne peut remonter = il sera battu par des ennemis ; — s'il se sauve seul = il aura le dessus ; — s'il rêve qu'il veut entrer dans un jardin mais que quelqu'un l'en empêche, sa vie sera heureuse mais il y a des gens qui se mettent à la traverse de ses affaires ; — s'il est monté à une terrasse et qu'il descende par le même escalier, ses affaires marcheront toujours bien ; — s'il ne peut en descendre, il aura des difficultés avec ses amis et ne trouvera pas le moyen de se défendre ; — s'il rêve qu'il sème et que le grain germe, il fera de belles affaires ; — s'il voit un rat qui le pour-

---

(1) Le blanc, couleur de vertu, le vert, couleur des champs et l'eau = abondance — sont signes de bonheur ; noir et rouge, emblêmes du feu, de la sécheresse, de la dévastation, sont signes de malheur.

suit, c'est la preuve qu'un ami qu'il aime le déteste ; — s'il voit chatte qui le griffe, les gens disent du mal de lui ; — s'il rêve d'un chien, il aura un ami toujours dévoué ; — s'il voit eau trouble, il va avoir une discussion ; — s'il voit arbre sans fruits, il n'aura pas d'enfants ; — s'il se voit assis sous un arbre donnant beaucoup d'ombrage, il aura un emploi chez un grand personnage ; — s'il voit du safran, il aura maladie ; — s'il se voit dans un hammam, il va avoir la fièvre ; — s'il rêve d'une tombe vide et qu'il pense que c'est pour lui, il mourra ; s'il pense à un autre, cet autre mourra ; — celui qui rêve qu'il est piqué par une vipère recevra une mauvaise nouvelle ; — celui qui est piqué par un serpent (couleuvre) aura un enfant très intelligent et très beau ; — une femme qui reçoit un coup de corne de bœuf, aura un enfant intelligent ; — une femme enceinte qui se voit en rêve dans un jardin et y coupe une rose, aura une fille mariée à un homme très important ; — celui qui rêve à du miel, aura toujours des ennemis attachés à lui ; — celui qui pleure, aura une bonne nouvelle ; — maison en fête = décès ; — sous une vigne = on aura des enfants et les moyens de les élever ; — raisins blancs = bon signe ; — raisins noirs = mauvais ; — tout habillé de blanc = il mourra ; de même s'il rêve qu'il est monté sur un cheval blanc ; — rêver qu'on monte une mule rouge = on sera écouté par tout le monde ; — rêver qu'on s'appuie sur une canne = ami très dévoué ; — s'il voit un chameau, sans prononcer certaine phrase de conjuration, il sera malheureux; s'il prononce la phrase il sera heureux, mais ne dire à personne qu'on a rêvé d'un chameau; — s'il voit quelqu'un qui coupe l'étoffe d'un autre avec des ciseaux, ami qui médit continuellement de lui; — serpent qui court derrière lui ou bête sauvage = ennemi continuellement à ses trousses; — terrasse très haute d'où il tombe = ses jours sont comptés. — Rêver qu'on est dans une fête où on boit de l'eau-de-vie, tous ceux-là sont ses amis; si on boit du vin, tous seront contre lui. — Cueillir des grenades et en couper une ou deux = il va voyager, se séparer de ses amis et il reviendra; — rêver qu'il est dans un champ de luzerne, il aura des fièvres froides; — s'il voit couler de l'eau-de-vie et qu'il en recueille, il gagnera bien sa vie; — s'il se voit assis au bord d'un bassin d'eau avec les pieds dedans, il sera très écouté; — s'il voit en rêve un célibataire qui cueille une rose dans un jardin, il se mariera avec une jolie femme; — si une femme voit en rêve un jeune homme qui cueille un cédrat, elle aura de beaux enfants; — s'il voit une lampe qui s'éteint chez lui, il mourra; chez un autre, l'autre mourra; — s'il se voit noyé dans un égout, il gagnera beaucoup d'argent; — s'il rêve d'un corbeau, il y aura une mauvaise langue cause d'une dispute avec amis; — s'il rêve qu'il mange des dattes, c'est qu'il reconnaît qu'il a commis beaucoup de péchés; — s'il rêve d'œufs cassés, Dieu a écouté ses prières; si d'intacts, le contraire; — s'il rêve d'un rouleau de la Loi et qu'il n'y lise pas, il vivra; s'il lit, il mourra ; — une femme enceinte rêve d'un foulard à cheveux, elle aura une fille ; d'un foulard de corps, un garçon ; — si elle voit une bague à son doigt, elle aura un garçon ; — si on rêve de quelqu'un qui vous tend poignard, couteau, ciseaux, c'est un ennemi ; — si on rêve d'un ruisseau de sang, prières exaucées ; — rêver à une bête abattue, la personne auprès d'elle sera assassinée ; — rêver à un cadavre, s'il vous donne quelque chose, c'est bon ; si vous lui donnez quelque chose, vous irez le rejoindre ; — rêver qu'on tombe dans un fossé : si on remonte, on va tomber malade et on guérira ; si on ne remonte pas, on va mourir ; — rêver qu'on descend une pente, si quelqu'un vous tend quelque chose, vous mourrez ; — coup de poignard en rêve = ennemi médisant ; — rêver qu'une personne meurt, c'est qu'elle allait mourir, mais elle guérit ; — rêver d'être tête nue, on va tomber dans la misère ; — marcher pieds nus en rêve, on n'a rien fait de bon en ce monde ; — si on voit des gens nus, ces gens agissent contre Dieu ; — il n'y a que les gens purs qui rêvent de Dieu et le voient ; — si on rêve de voleurs, il va tomber de l'eau ; — enterrement en rêve, on aura une fête très belle ; — rêver de fête, on assistera à un enterrement ; — si on rêve le matin, le rêve se réalisera ; — si on rêve avant minuit, il se réalise rarement ; — si on rêve pendant qu'on est couché sur le dos, sur le ventre ou sur le côté gauche, les rêves n'ont pas de signification, ce sont les diables qui se moquent du dormeur.

Les rêves n'ont de signification certaine qu'en dormant sur le côté droit.

Une femme qui a étouffé son enfant pendant le sommeil est la victime des diables qui l'ont portée pour la coucher sur l'enfant. Désormais elle devra dormir entre quatre pieus : cela peut être ordonné par le cadi.

La Somnambulisme (Kh'tfa = volé par force) ést causé: 1º par le sang qui bout dans les veines et monte à la tête ; 2º par le toucher des diables ; 3º par une colère de la mère contre l'enfant qu'elle portait dans son sein. — Le somnambule est exposé à toutes sortes de maladies. Pour remédier à cet inconvénient, on fait des pèlerinages, on porte des écritures et des amulettes et on fait des offrandes aux démons : semoule, sucre, orge, etc. déposés autour des fontaines.

Contre les Cauchemars (Bou Tl'elich = le père du double sac pour chameaux), suivre le traitement indiqué plus haut, sinon pétrir de la farine avec de l'huile et de la coriandre; lorsque ce pain sort du four, on applique sur les deux tempes du patient deux morceaux de croûte, une autre tranche sur la tête ; et on ouvre ce pain devant les yeux du malade afin que la vapeur qui s'en dégage pénètre dans son cerveau ; le patient est mis au lit pour transpirer. — Autres remèdes : 1º Délayer de l'aniline dans l'eau, le malade y trempe la main et se l'applique sur le ventre afin d'y marquer l'empreinte, puis il avale l'eau. — 2º Trois jours de suite, le matin, le malade introduit la main dans un égout où il a versé au préalable un peu d'huile, il applique ensuite la main ainsi souillée sur le ventre et il reste dans cette position pendant toute la journée, en outre il doit boire de l'eau de forgeron. — 3º Passer et repasser trois fois sur la tombe d'un homme assassiné.

Soporifiques. — On met un soulier du pied droit sous le chevet de la personne qu'on veut faire dormir longtemps. — Les voleurs qui s'introduisent la nuit dans une maison répandent de la terre de sept tombes sur les dormeurs pour rendre leur sommeil plus profond. — Avaler de l'opium ou, plus simplement, en mettre un peu sous la calotte. — Prendre la plante Illilo ou de la poudre de « Mâchoire de chameau » (Sdokh Djemel), herbe épineuse des champs.

CHAPITRE III

MENDICITÉ ET MISÈRE — VICES ET PROSTITUTION

Mendicité et misère. — Au Maroc, la mendicité est une profession suffisamment lucrative, vu les besoins restreints de ceux qui l'exercent; elle est en tout cas admise et respectée à l'égal de tout autre métier.

On mendie au nom d'un saint réputé dans la localité, en offrant ses bénédictions sur un rythme de psalmodie monotone, énervante, que les Arabes entendent avec patience et que les mendiants répètent sans se lasser.

Ce sont les hommes surtout qui mendient de porte en porte; ils sont valides le plus souvent. Les femmes accompagnées d'enfants tendent plutôt la main dans la rue. Les infirmes s'installent à certains endroits, de préférence le long des murs où ils sollicitent le passant du matin au soir.

Tout ce monde est sale, déguenillé : c'est l'uniforme nécessaire de ceux-là même qui pourraient faire autrement.

D'ailleurs la grande misère justifie le nombre des mendiants qui sont légion.

Vices et prostitution. — On n'a pas seulement, au Maroc, la prostitution féminine, celle des jeunes garçons lui fait concurrence ; parés, fardés, poudrés, les cheveux tressés avec des rubans, ils s'affublent de boucles d'oreille, de bagues et de toutes sortes de bijoux en or.

La pédérastie est une véritable institution nationale au Maroc. En nul autre pays musulman elle n'est aussi répandue et aussi en honneur ; ici elle est avouée et publique. — Mais ce goût et cette pratique sont réservés aux pays de plaine, c'est à dire partout où le Maghzen a apporté ses mauvaises habitudes et ses vices ; c'est beaucoup plus rare chez les Berbères et les Chleuhs des montagnes.

Pourtant la loi musulmane punit de mort le pédéraste au même titre que le meurtrier et l'athée, pour lesquels on spécifie les peines de l'emmûrement et de la lapidation ; l'adultère n'est justifiable que de coups de corde, ce qui est exceptionnellement appliqué. En réalité, on ne songe même pas à punir d'un châtiment ce vice, car la pédérastie est passée ouvertement dans les mœurs.

Cette assertion est appuyée par l'anecdote suivante : un esclave noir de treize ans appartenant au Caïd Glaoui, avait été séduit par les charmes d'un jeune éphèbe qui faisait partie d'une troupe de musiciens ambulants de passage à la Kasbah et qu'on appelait familièrement *Moumoun*. — Le jeune nègre attire le soir le bel androgyne poudré et pomponné et l'emmène derrière les tentes. Il lui promet vingt-cinq sous pour prix de ses faveurs qui sont accordées, mais au moment de payer, l'esclave s'éclipse. Le musicien frustré s'en plaint au caïd. Celui-ci appelle l'esclave..... qui avoue. « Pourquoi ne lui as-tu pas donné la somme promise ? » — « Je n'avais pas d'argent.... et je l'aimais ! » — Le caïd qui comprend la passion... irrésistible, et tient en même temps au renom d'honnêteté de sa maison, remet les vingt-cinq sous au petit ambulant.

La prostitution spéciale des pédérastes passifs se donne libre cours. On invite des amis et on donne des fêtes aux jeunes complaisants professionnels qui font de la musique et usent des mêmes provocations et calineries que les femmes du métier (1).

On a des mignons qu'on avoue et qu'on chante ; qu'on affiche et dont on tire vanité. — D'ailleurs très peu de garçons atteignent l'âge d'homme sans avoir subi les entreprises de leurs voisins.

Il semble que, chez les Musulmans, ce vice date de l'époque où les femmes ont adopté l'usage de se voiler la figure : dès lors, ce furent les beaux visages des jeunes garçons, des éphèbes qui attirèrent l'attention des

---

(1) On cite des fonctionnaires qui ont dû leur faveur à leur complaisances passives pour les ministres.

hommes, qui fixèrent leurs désirs et provoquèrent leurs désirs contre nature. — Chez les Chleuhs de la montagne, où les femmes circulent à visage découvert, la pédérastie est très rare.

On use des petites filles de la même façon en les endormant avec du kif, il y a des déchirements de périnée épouvantables. La chose se passe couramment entre enfants.

. . . .

D'un autre côté, l'amour entre femmes, chez les Arabes, dépasse de beaucoup les relations naturelles entre les deux sexes. Les femmes de condition, vivant cloîtrées dans le harem, sont, presque sans exception, lesbiennes. — Des passions naissent ainsi, provoquant parfois entre elles des jalousies forcenées qui peuvent aller jusqu'au crime (1).

Les bains maures où les gens du même sexe passent des heures de flânerie, en commun, dans la plus complète nudité — en dépit des prescriptions de l'Islam qui jettent la malédiction sur le *voyant* et sur le *vu* — sont une cause certaine d'excitation qui favorise singulièrement les pratiques homosexuelles, pédérastie et lesbianisme. C'est un véritable appel à cette débauche particulière ; les stations prolongées entre jeunes filles et femmes, ou entre jeunes

---

(1) La masturbation buccale n'existe pas, mais la pratique du frottement vulvaire est extrêmement répandue dans les villes et même chez les femmes du Djelbala.

garçons et hommes, aux heures réservées à chaque sexe, dans ces bains amollissants, font naître des idées de lascivité et incitent à la recherche des sensations énervantes.

Le testicule de bélier, appelé *Ounnas*, (le divertisseur, ou mieux le meilleur compagnon, le compagnon de la solitude) est un article si recherché des dames, qu'il est interdit aux bouchers de le vendre entier : ils doivent le fendre d'un coup de couteau, afin de le rendre impropre à servir aux réjouissances profondes du beau sexe.

Il est également et formellement interdit de laisser pénétrer dans les bâtiments du Dâr Maghzen, réservés aux dames de la Cour, aucune racine pivotante de grande taille, du navet à la betterave, sans que ces légumes soient préalablement fendus en plusieurs tranches.

Les Arabes sont très enclins au vice de la bestialité. — Celui qui veut devenir sorcier doit posséder une ânesse. — Les gens constamment énervés ont aussi recours à l'ânesse pour se guérir. Mais la vache, la chèvre et la brebis ne sont pas dédaignées.

Toutes les anomalies signalées à ce chapitre sont les faiblesses de l'Arabe ; le Juif ne les connaît pas ou peu.

CHAPITRE IV

LOIS — RELIGION — SECTES — SAINTS

Lois. — Le droit ou législation musulmane (Shara) étroitement observé au Maroc est constitué à la base par :

1º Le *Coran* qui en est le fondement.

2º Les *Sounna*, règles d'obligation tirées des coutumes du Prophète et des quatre Khalifats orthodoxes.

3º L'*Hadîth* ou Paroles du Prophète.

4º Le *droit coutumier*.

En Religion. — Il y a deux choses distinctes :

1º Le *Imân*, Foi ou théorie.

2º Le *Dîn*, Pratiques religieuses.

Mais le *Livre* est l'autorité suprême.

Les pratiques religieuses se décomposent à leur tour en *Farayed* ou devoirs obligatoires et en *Naouafel* ou œuvres surérogatoires.

Les cinq *Farayed* principaux (subdivisés en plusieurs branches) sont :

a) La Chahâda ou confession de foi.
b) La prière.
c) L'aumône.
d) Le jeûne.
e) Le pèlerinage à la Mecque.

Les Naouafel, œuvres méritoires sont facultatives, mais pourtant suivies de près. Leur omission n'est pas une violation de la loi morale, mais un manquement à la dévotion, à la piété.

Sectes. — Les controverses provoquées au deuxième siècle d'*Al Hadjara* par l'interprétation variée des textes sacrés et par quelques innovations donnèrent naissance au *Shara* (lois et prescriptions) en suscitant les quatre principaux *Ayimmahs* ou grands docteurs de la Loi qui fondèrent les quatre écoles sunnites dont les décisions en matière religieuse font autorité actuellement dans l'Islam. Ces quatre docteurs sont :

1º *Abou Hanifa*, fondateur de la secte Hanéfite (Turquie, Turkestan, Afghanistan.) — La raison y joue le rôle principal, contrairement aux trois autres sectes qui s'inspirent exclusivement de la tradition.

2º *Malek Ibn Anas*, fondateur de la secte Malekite (Algérie, Tunisie et Maroc). C'était également la doctrine des Arabes de l'Espagne.

3º *Asch Shafn*
4º *Ibn Hanbal*
} ce sont les chefs des deux dernières écoles et n'ont que très peu d'adhérents.

Sectes de Jongleurs et de Guérisseurs

Les *Ouled Sidi H'M'Douch* (1) se donnent des coups de hache sur la tête, lancent en l'air une boule de fer et la reçoivent sur la tête.

Les *Ouled Sidi Ahmed* ou *Moussa* se frappent à coups de poignard et font différentes autres jongleries et acrobaties.

Les *Aïssaouas* qu'on appelle aussi Aïssouas Sahim, sont une secte fondée par le Marabout Mohammed ben Aïssa de Mequinez, il y a plus de quatre siècles. Au moment des exercices, ils sont hagards, puis deviennent forcenés à la suite de l'entraînement d'une danse rythmique et d'un chant approprié qui s'accélèrent aux sons d'un orchestre spécial. Ils poussent des cris, paraissent se désarticuler la tête, rugissent, aboient. Puis quand ces exercices d'ensemble les ont mis à point, ils commencent individuellement leurs répugnants exercices. L'un fait tourner sa tête avec une rapidité vertigineuse ; d'autres se roulent frénétiquement sur les figuiers de Barbarie ; d'autres avalent des scorpions vivants que le Mokkadem leur jette dans la bouche ; d'autres avalent des clous à tête, mâchent et avalent du verre ; d'autres, ayant placé de longs poinçons de fer aigus, à tête en boule de bois sur un repli de leur chair, le Mokkadem frappe sur la boule

(1) Ouled veut dire enfants.

avec un maillet jusqu'à ce que le poinçon s'enfonce. — Après l'exercice, le Mokkadem prend la tête du patient, l'approche de ses lèvres, touche les blessures ; alors l'Aïssaoua se calme peu à peu et redevient normal. Le tout se termine par un nouveau chant d'ensemble avec cris et rugissements qui se ralentit et s'achève par une plainte.

D'autres Aïssaouas mangent de la chair crue : ils lancent en l'air un bouc ou un mouton ; l'un d'eux le reçoit sur un doigt qui perce la peau de l'animal ; les autres se jettent alors dessus, le dépècent, le déchirent, le dévorent là, tout cru, pantelant, chaud encore, aux hurlements féroces, frénétiques que pousse la foule en délire. Par ces exercices barbares, ils croient gagner le paradis.

Cette secte est très dangereuse ; car l'atmosphère malsaine, créée par ses vociférations et l'odeur du sang excite à une inquiétante férocité. Le mot *Aïssaoui* est devenu synonyme de cerveau troublé ou de coléreux. Les Aïssaouas portent les cheveux longs.

Les Ouled Hemmadi forment également une secte religieuse répandue dans toutes les tribus, comme la précédente. En crachant dans les mains de quelqu'un, ils communiquent à cette personne le pouvoir de soigner la maladie de la boule (*Zina* = Kystes, etc. ; voir à la partie médicale).

Cette boule appelée *El Massia* (la marcheuse) si elle est rouge ; *El Haïla* si elle est blanche et *Zina* si elle est bleuâtre serait une bête charnue et roulante sous forme de pastèque dans l'eau et sur les champs. Lorsqu'on la rencontre sur la route et qu'on la franchit à pied, on enfle ; si on est à mule, c'est la mule qui gonfle ; si elle a tranché du pied cette boule, on a pris la *Zina*.

Pour s'en guérir, il faut faire venir un taleb qui, ayant rencontré cet animal roulant, a eu le temps d'uriner dessus et de le faire crever ensuite rien qu'en le touchant du doigt.

Les *Ouled Hemmadi* n'ont pas tous rencontré et écrasé la *Zina* mais, en se crachant dans les mains ou dans la bouche de père en fils, ils se transmettent ce don héréditaire. — Ils ne sont pas les seuls *Mahasihin* (cracheurs ; le crachat s'appelle Mahaset) : une secte de moindre valeur, les *Moul'sboub* qui n'ont trouvé que de petites boules soignent les petits accidents : boutons, etc.

Voici le mode d'opérer : le taleb crache sur la partie malade, ou bien, il fait mettre sa précieuse salive dans un morceau de laine que le malade avale ; quelquefois on fait boire au patient de l'eau où l'on a délayé le crachat. Pour certaines angines, le taleb envoie directement son Mahaset dans la bouche du malade. — Ceux d'entre les Mahasihin qui soignent le *Bou Tabk* (maladie de poitrine) afin de faire des pointes de feu au malade, se brûlent à eux-mêmes le talon et l'appliquent sur le corps du patient. — *Bou Allem* de Mafiona est une célébrité.

Les Ouled Sidi Réhal, mangeurs de serpents et de

braise, sont aussi des Mahasihin fort recherchés pour certaines maladies.

Tribus. — En dehors des sectes religieuses, répandues un peu partout, il y a des tribus entières qui se sont fait une réputation de certaines spécialités.

Les *Soussiens* savent découvrir les trésors et les mines de métaux précieux par des moyens dont le secret ne sort pas de leur clan. On s'adresse à eux de tous les points du Maroc.

Les Neknafa, au sud-est de Mogador, seraient invincibles, grâce aux génies de leur grotte d'*Imin Takoudant*, génies qui sont les humbles serviteurs du saint Marabout *Sidi Mohammed* ou *Sliman el Djazouli* enterré près de là. — Le caïd de cette région, le fameux Amflous est protégé par ces génies et doit à leur appui tutélaire et à leur vigilance jalouse son influence sur la population crédule du pays. Il leur fait des sacrifices (bœuf noir) à l'entrée de la grotte avant de partir en campagne pour assurer le succès de ses armes : ces précautions donnent à ceux qui l'accompagnent une ferveur nouvelle et une grande confiance. Parmi ces génies il y en a de militants qui combattent occultement aux côtés de leurs amis humains ; d'autres guérissent les maladies ; certains d'entr'eux sont particulièrement affectés à la reproduction de la race humaine et rendent prolifiques les femmes stériles.

Dans cette caverne il y a même un oracle (écho)

Les murs de Mazagan.

répondant à ceux qui le consultent avec la foi... C'est la condition obligatoire de tous les miracles.

D'ailleurs toute la tribu des Neknafa, qui ne comprend que quelques centaines de combattants, est sous la protection des génies de ces grottes ; c'est pourquoi elle a pu se maintenir et résister aux autres grosses tribus qui n'ont pas le même privilège.

Saints et pèlerinages. — Les parents, dont les enfants meurent du « Toucher du Diable » (Assleï), doivent aller en pèlerinage aux tombeaux des deux frères saints juifs, *Rebbi Raphaël Cohen* et *Rebbi Moïse Cohen*, inhumés aux environs de Marrakech.

Les causes de l'Assleï sont diverses : 1° Le mari a entraîné sa femme n'importe où, dans un coin, par terre, ailleurs que sur le lit conjugal ; le malin a pu les toucher au moment de la conception ; 2° une colère des parents : le diable devient puissant lorsque la raison perd ses droits ; 3° l'un ou l'autre des époux a jeté de l'eau chaude sans prévenir les génies. — Avant de verser de l'eau bouillante, il faut prendre la précaution d'en prévenir à voix basse les esprits invisibles qui peuvent rôder aux alentours, afin qu'on ne risque pas de les échauder. Il faut dire : « Faites place, au nom de Dieu ! »

Près de la tombe de Rebbi Moïse, il y a un bassin où vivent de grandes tortues ; les pèlerins immolent un mouton ou un coq blanc et le jettent dans l'eau, puis ils se mettent de la pâte de farine sur un orteil et plongent le pied dans le bassin ; si les tortues s'approchent pour manger la pâte, les « *touchés* » sont délivrés. — Les Arabes gardent ces tombeaux, respectent ces marabouts juifs bien plus que ne le font les Juifs eux-mêmes.

Dans le voisinage de Moulei Irri, sont les sept frères saints ; Aït Banim Aaron Rebbi Daoud Dreï, aux environs de Demnat, sauve les fous furieux, surtout ceux qui ont été enchaînés un certain nombre d'années : on dépose l'aliéné sur la pierre tombale et la raison lui revient.

Il y a d'ailleurs toute une collection de saints au cimetière abandonné de Demnat ; dans cette nécropole isolée sur la montagne, les jeunes filles, les jeunes gens et toute personne dont les vêtements ne sont pas propres, ne sauraient entrer sans mourir dans l'année.

Un des plus importants de cette collection, Nebi Aaron Cohen, s'est fait une spécialité d'outre-tombe : la guérison des piqûres et morsures venimeuses ; on introduit la partie blessée dans le trou aux cierges qui est au-dessus du tombeau et on frotte la blessure avec de la terre prise autour du sépulcre. Dans cette nécropole, reposent aussi Mohalin el Gomra, saints juifs, devant lesquels viennent brûler des cierges les Arabes qui partent en guerre.

C'est encore là que se trouve l'étrange école talmudique dont on n'entend que la voix des jeunes gens psalmodiant le Talmud. Car ce cimetière occupe l'emplacement d'une ancienne ville non pas détruite mais englouti par la terre à l'instar du temple de Salomon.

Les personnes sujettes aux attaques de nerfs sont conduites à l'endroit, hanté par les diables, qu'on appelle Sidi Nasser (une heure et demie de Demnat). A côté de cette koubba, se dresse une montagne dont le flanc crevassé sert de vestibule à l'immense grotte, où, de haut et avec un épouvantable fracas, croule une puissante chute d'eau. Le malade est baigné dans ce torrent de façon à avoir en même temps le crâne fortement douché par la cataracte. On le retire et on sacrifie un coq blanc qui est jeté dans le courant écumeux ; l'encens brûle. La guérison peut être immédiate. Souvent, le chien, qui croise le malade sortant de la grotte, tombe foudroyé ; le patient enfourche sa mule, la monture s'affaisse, ces bêtes ont emporté le mal. — Certaines personnes deviennent momentanément muettes au sortir de la caverne ; mais à l'instant où elles montent leur mule, celle-ci rue, se sauve et brait ; le malade crie aussi, la parole lui revient.

Afin que cette cure soit réellement efficace, le possédé doit faire suivre ce pèlerinage d'un autre aux tombeaux des enfants du propriétaire du Doux (Ouled Bou Helbon). — Le malade s'incline au-dessus d'une tombe, à ce moment où il attend, plein d'angoisse, l'arrêt de son destin ; la pierre s'entr'ouvre, un petit jet d'eau en sort… avaler précipitamment quelques gouttes de ce précieux liquide et s'en frotter le corps avec dévotion.

Tout près de ce lieu saint, demeure pétrifiée une caravane entière : chameaux, chevaux, mulets, hommes, tout est de pierre et sur leurs corps immobiles de petits grains de couss-couss disséminés sont aussi changés en pierre. Cette malheureuse caravane s'acheminait vers un village voisin à l'occasion d'un mariage. Arrivés à cet endroit, les voyageurs installèrent leurs tentes pour se reposer et prirent leur repas. Mis en gaîté ils s'amusèrent à se jeter, les uns aux autres, des boules de couss-couss ; Dieu les punit de ce gaspillage en les pétrifiant. Telle est la tragique légende de cet étrange champ de pierres.

A Eureka, on va implorer le Fils du Serpent (Rebbi Salomon ben el Heus) pour toutes sortes de maux : ceux qui perdent leurs femmes ou leurs enfants, ceux qui font de mauvaises affaires ou qui ont des moments de folie. — Fleur du soleil (Nouar Chems) se trouve de même à Eureka.

Mais un des Marabouts les plus adorés et les plus souvent implorés est Nebbi David ben Barukh, dans le Souss ; son intervention est quémandée à propos de tout ; même les filles que menace une vieillesse solitaire ne vont pas sans succès pleurer sur cette tombe.

Après avoir fait les dévotions d'usage sur la pierre de cet élu, le pélerin va rendre une pieuse visite à la sépulture de la mère du saint : Lalla Kafia. Superbement vêtus de soie, les nègres imposants, gardiens de ce sanctuaire, sont couverts de bijoux et portent de grands anneaux d'or au nez et aux oreilles. — Les brigands, qui attaquent les caravanes allant vers ce sanctuaire, sont transmués en bêtes par la sainte... Les chemins sont toujours libres.

Le malade nerveux, sujet aux attaques, est sensé avoir le diable dans le corps ; le saint, pour l'en délivrer, ne saurait retirer l'esprit malfaisant sans détériorer le physique du malade ; en conséquence, il commence par tirer le malin dans le corps même du possédé, qui, alors, tombe, écume du sang par la bouche et par le nez, se débat, gémit : le mauvais esprit l'a quitté sous forme de sang. Tous les saints usent du même procédé, mais celui-ci tout particulièrement.

A Taznart, on conserve un rouleau de la Loi écrit autrement que les autres : enterré, il fut autrefois découvert par un Arabe. Le précieux document est enfermé dans sept petites chambres, emboîtées les unes dans les autres, formant ainsi un petit édifice, d'où on ne le fait sortir que le jour anniversaire de la promulgation de la Loi sur le Sinaï.

Les personnes qui vont en pèlerinage à ce lieu saint sont toujours exaucées, mais gare aux impurs qui osent approcher des murs sacrés : ils restent frappés de paralysie. — Les Arabes ne sauraient toucher à ce sanctuaire. — De loin, ils font, dévots et humbles, les gestes rituels qui délivrent. Une Juive, parfaitement pure, veille constamment sur le monument. — L'offrande, qui consiste en huile est versée par les fidèles dans une jarre placée extérieurement et qui communique avec l'intérieur.

Si la ville ne fut jamais prise, c'est grâce à ce rouleau de la Loi, et lorsque le caïd de Taznart fait une sortie contre l'ennemi, il touche le parchemin sacré qui le rend invulnérable : les balles glissent le long de son corps sans le blesser.

Au cimetière juif de Marrakech, le saint Rebbi Aminia Cohen retrouve les négresses perdues. L'Arabe, dont l'esclave s'est enfuie, vient trouver le gardien juif du sanctuaire et lui donne cinq douros pour l'entretien de la tombe ; peu de temps après, la négresse fugitive franchit le mur de la nécropole et demande la porte pour sortir, le chemin pour rentrer chez son maître.

Grâce à ce Marabout, les Rehamna ne purent prendre Marrakech qu'ils assiégèrent : on vit dans le champ des morts des fantômes blancs qui braquaient des canons sur l'ennemi ; l'ennemi vit encore la nuit, un immense feu qui léchait les pierres des tombes ; enfin un mystérieux essaim de guêpes le mit définitivement en déroute.

Il y a des hôtelleries attenantes à tous les tombeaux ; les pèlerins s'y installent pour huit à quinze jours. Ceux qui n'y trouvent pas de place, campent alentour.

Les innombrables sanctuaires sont disputés entre Juifs et Arabes, visités et implorés à l'envi par les uns et par les autres.

L'offrande consiste d'habitude en l'immolation d'un mouton ou d'un coq blanc, voire d'une poule ; brûler des cierges, de l'encens, des résines ; baiser la pierre et pleurer, se lamenter en faisant sa prière. — Quelquefois on étend le malade sur le sépulcre : le saint doit apparaître en rêve au pélerin afin que celui-ci soit sûr de sa guérison. Lorsque le Marabout imploré n'a pas le pouvoir de réaliser ce qu'on lui demande, il indique au fidèle le confrère-saint auquel il doit porter sa plainte.

DEUXIÈME PARTIE

CHAPITRE V

LES DIABLES

Ce que sont les diables. — Démiurges, exorcismes, possessions et possédés, adjurations et prières, emprises infernales, Esprits des Ténèbres, association diabolique, voici les questions démoniales qui sortent ici du domaine de l'exception, où les Huysmans les ont reléguées, pour devenir au Maroc la réalité courante, une préoccupation banale, une influence de tous les instants.

Le sorcier prétend que le fantôme ne peut être qu'un diable, jamais un mort ; il a l'apparence humaine, mais les yeux sont inclinés en dehors vers le bas, les pieds sont très minces et fourchus et, le plus souvent ont la forme d'un petit sabot de chameau. Ces fantômes parlent, mais sont intangibles. Il y en a de toutes les couleurs : jaunes, rouges, verts, blancs, noirs... Ils ne sont visibles que de onze heures à une heure de la nuit, excepté le vendredi, nuit de liesse qu'ils emploient à errer par le monde jusqu'au matin. Pour sortir, ils endossent volontiers l'apparence de bêtes : âne, chien, chat, etc., ils circulent même sous forme d'insectes, cafards, par exemple. — Mascarade perpétuelle. — Leur plus grande distraction consiste à jouer des mauvais tours aux pauvres humains. Ainsi, un ivrogne rencontre un diable déguisé en âne ; si la fantaisie lui prend de l'enfourcher, l'âne grandit, grandit, grandit, jusqu'à la hauteur d'une terrasse, où il dépose son fardeau à demi inconscient. L'ivrogne se réveille le lendemain tout étonné de se trouver là.

Ou encore le malin prend l'apparence d'un petit enfant qui pleure la nuit au coin d'une rue. En passant, quelqu'un s'apitoie, et, le croyant un petit bébé perdu, il le porte chez lui pour le faire soigner. Le diable ressort malgré les portes et les fenêtres closes et se remet à crier, l'homme le fait rentrer... cela peut recommencer jusqu'au moment où la victime se rend compte qu'elle est le jouet du malin. Elle s'adresse au diable (à l'enfant en pleurs) : « Je ne vous ai fait que du bien ; pourquoi me tourmentez-vous ? » Et le diable peut alors donner à l'homme une *Kimia* (chance) dont il profitera toute sa vie.

Autre tour : Quelqu'un, en se promenant dans les rues, vers onze heures du soir, trouve constamment des murs devant lui ; la personne ainsi taquinée doit se reposer et attendre une heure du matin que le malin la délivre. Mais les esprits du mal ne sauraient s'attaquer à celui qui porte toujours sur lui du fer ou du sel.

Lorsque les diables ont besoin d'une sage-femme, ils

vont la chercher sur la terre; après l'accouchement de la diablesse, on la ramène chez elle. Elle s'en aperçoit en se réveillant... comme d'un cauchemar. Mais, pour le service rendu aux puissances des ténèbres, elle sera récompensée tout le long de sa vie. — Une d'elles eut, un peu plus tard, sept enfants atteints au cours d'une épidémie, elle alla trouver le malin qui lui donna un liquide pour les fortifier; ils furent tous guéris à l'exception d'une fillette qui, malheureusement avait été touchée par un diable d'une autre tribu. — La diablesse l'en avait prévenue.

Il y avait à Marrakech une maison où l'on eut l'idée d'installer un bain; on ignorait qu'elle appartint à l'invisible. Or, une jeune mariée alla s'y baigner, elle disparut sous l'eau, on l'appela, elle revint à la surface, parla, et disparut à nouveau dès qu'on voulut la saisir. On a fermé ce hammam, l'abandonnant ainsi à ses propriétaires occultes.

Il arrive souvent que des marchands, flânant nonchalamment par un beau clair de lune, se trouvent tout à coup devant un marché merveilleusement achalandé; ils y font leurs emplettes, mais le lendemain, hélas, leurs acquisitions ne sont plus que de misérables cailloux, des cornes de bœufs et autres objets aussi bizarres qu'inutiles; ils furent au marché du diable.

Les diables sont cause de presque toutes les maladies, surtout les fièvres, paralysies, attaques de nerfs, convulsions, hémorrhagies, maux d'yeux. Ils peuvent rendre sourds les gens en leur donnant des soufflets. Quant aux personnes sujettes aux attaques de nerfs, elles ont des relations intimes avec le diable : l'attaque est précisément le moment de la rencontre. Ce qui prouve bien que la crise de nerfs correspond à un rapport sexuel, c'est que l'homme qui est pris d'une attaque tombe sur le ventre — sur la diablesse, — et que la femme tombe sur le dos — sous le diable(1).

Il y a même des démons femelles qui recherchent à tel point certains hommes qu'elles se marient avec eux.— Au moment de sa mort, la diablesse emmène son mari et ses enfants pour assister à l'enterrement ; ils remontent après les obsèques et redescendent dans leur famille infernale toutes les fois que celle-ci manifeste le désir de les revoir. La disparue laisse en héritage à sa famille sur terre une boîte où se trouve tout ce qu'il faut pour vivre. — D'un autre côté, les diables aiment à posséder les femmes terrestres, mieux, ils s'en éprennent eux aussi, quelquefois, jusqu'au point de les épouser. Sans compter

---

(1) Diables incubes et succubes. Les *Incubes* sont *catholiquement* (c'est admis) des diables masculins qui se réunissent aux femmes, les *Succubes* sont des diablesses qui tenaillent jusqu'à la volupté les nerfs masculins, devenus passifs. Des théologiens ont indiqué gravement le moyen de chasser les démons incubes et succubes. — Évidemment cette hantise diabolique, dans une société crédule, a facilité et excusé bien des fautes attribuées à quelque incube fort innocent, quand il était impossible d'avouer un incube très humain qui n'était rien moins qu'une illusion. (Voir l'ouvrage du R. P. Sinistrari).

les démons mâles que les sorcières et les magiciennes évoquent pour jouir d'une volupté stérile, connaître le plaisir diabolique, se livrer, proie haletante, au stupre brûlant et glacé à la fois de l'Enfer. — A Marrakech, un homme croyait être possédé de nuit par un diable pédéraste... Il souffrait d'hémorrhoïdes.

Pendant le repos, les démons fuient les hommes et se tiennent surtout dans les endroits malpropres, sombres ou déserts : puits, fours, abattoirs, égouts, réchauds, cimetières, tombeaux isolés, synagogues et mosquées, fossés et montagnes. Il y a près du Glaoui un volcan éteint : le mont de Tizi (col étroit) par le cratère duquel on entend constamment parler les diables au dedans de la terre. A ce moment de repos, on peut les réveiller accidentellement et les irriter, en renversant un liquide sur le feu, par exemple, ou bien les appeler en les conjurant.

Les infimes démons qu'on exorcise ou qu'on appelle, se logent partout, dans les interstices les plus misérables.

On les éveille, on les appelle, on les sollicite, on les obsède de réclamations, de sollicitations, on réclame leur complicité et leur aide (1).

Ces diables, dont la mission pour les primitifs adeptes était de ramener les méchants au bien par la terreur, ces gendarmes du sous-sol, embusqués dans tous les coins d'ombre où peut germer le mal, attentifs dans la

(1) Quant aux esprits glorieux, aux anges gardiens, on n'en a que faire.

nuit qui sollicite au crime, démons modérateurs des instincts mauvais, ne sont plus à présent que des complices du vice et du crime. — L'enfer, cette geôle symbolique, instigatrice de vertu par persuasion, imaginée aux âges de barbarie pour terroriser les grossiers instincts, réfréner par la peur les appétits nuisibles, ce croquemitaine des morales primitives et des peuples enfants, n'est plus peuplé aujourd'hui que de *djennouns* foncièrement mauvais qui s'en viennent sur la terre pour encourager et aider le mal, prêter main forte aux méchants... mission singulièrement déviée.

Origine des diables. — Dieu commença le monde un dimanche et termina son œuvre le vendredi, avant le coucher du soleil, mais il lui restait un moment ; hâtivement, il bâcla les diables. Seulement le temps lui manqua pour achever les pieds, alors il leur dit : « Vous serez comme les hommes et vous vivrez avec eux sur la terre mais vous les verrez et ils ne vous verront pas ! » Puis il leur donna un Sultan et les divisa en tribus. — Il y a douze ans que le Sultan est mort. On l'apprit de cette façon : depuis douze ans, les talismans des talebs restaient sans succès ; ils en demandèrent la raison aux démons ; ceux-ci leur répondirent que le sultan était mort.

Jusqu'à ce jour furent sultans : David, Salomon, Assumdaï et Sam Naros, mort il y a douze ans.

Parmi les démons il y a des Musulmans, des Juifs et

*Le camp à Dar Bou ali Drin : tribu des Oulad Frej.
(Dernier voyage du Dr Mauchamp : 8 mars 1907.*

des Chrétiens ; des rabbins, des savants, des docteurs..., toutes les professions. Il y a des blancs et des nègres. Leurs tribus correspondent aux tribus des hommes et chacune a son diable-caïd.

Il y a sept sortes de diables *ne mangeant jamais de sel* :

Les premiers sont jaunâtres, à tête de bouledogue, le corps est humain et les pattes sont analogues à celles de la poule. Ils ne se nourrissent que d'os.

Les seconds ont une tête de chien allongée, le corps humain et les pattes de poule. Ils se nourrissent de squelettes.

Les troisièmes sont rouges ; ils ont un seul œil au front, la figure humaine très longue et une grande gueule ; leur aliment exclusif est le contenu des estomacs de vaches.

Les quatrièmes ressemblent à l'homme (au Juif) sauf les pattes qui sont de poule, aveugles, portant de longues barbes, ils dévorent tout ce qu'ils trouvent dans les maisons la nuit, à condition que ce ne soit pas salé.

Les cinquièmes ont aussi apparence humaine et des pattes de poule ; ils rappellent le Musulman et n'aiment que le mouton.

Les sixièmes sont des rabbins, ils forment l'état-major qui vit toujours en compagnie du chef. Leur nourriture est celle des humains avec cette différence que leurs aliments ne sont pas salés.

Les septièmes sont des nègres.

Le sultan qu'ils ont élu dernièrement s'appelle David

Israël (l'empereur des diables doit être un descendant de David). — Son vizir s'appelle Yaccoub ben Yousef. — L'introducteur est El Hem Daouï. — Celui qui s'occupe spécialement des questions juives est David ben Rahamin. — Les nègres ont leur chef particulier : Meimoun el Gnaouï qui dépend cependant du grand sultan. — Ces renseignements sont très secrets, ils ont été découverts tout dernièrement, dans les livres, par des Tolbas et des sorciers juifs.

Chaque jour de la semaine, un chef différent prend la direction des diables au nom du grand sultan.

Le dimanche, Mondab ;

Le lundi, une diablesse, Marrata bent el Arit ;

Le mardi, le diable Maadin el Hamr ;

Le mercredi, Bourkam el Yaoudi ;

Le jeudi, Sam Haros (il est de la famille de l'ancien sultan) ;

Le vendredi, Meimoun el Bioud (le blanc) ;

Le samedi, Meimoun el Gnaoui (le noir).

Il y a quatre cieux et quatre couches de terre ; pour aller d'un ciel à l'autre il faudrait cinq cents ans à un homme ordinaire, et c'est dans le dernier ciel que se trouve Dieu. — Quarante jours à l'avance, on connaît dans tous les cieux les événements qui auront lieu sur la terre, car il y a là-haut des crieurs publics qui les annoncent. — Les démons des quatre couches terrestres volent sous forme d'oiseaux vers les cieux où ils se tiennent au courant de ce qui va se passer sur les couches de terre ;

de cette façon ils peuvent renseigner les talebs sur les événements prochains : faillites, malheurs, morts, naissances, mariages, bonheurs, fortunes ou ruines imprévues.
— Ces informateurs sont : Meimoun el Cthaf (celui qui vole par violence) ; Meimoun Siiaf (le bourreau) ; Meimoun est un prénom : celui qui a de la chance ; enfin le dernier Bourkam est la réunion en un seul de plusieurs diables appelés Khdamin Lisma (Khdamin est le pluriel de Khdim qui veut dire : le travailleur ; Lisma est le nom). Leur mission est de fournir aux sorciers les noms qu'ils leur demandent.

Ces diables servants ont actuellement une sultane : Eurkia, fille du fils du Rouge (Eurkia bent ben a el Khmer) dont la sœur est viziresse : Kouna bent el Koun bent sultan Djenoun (Berceau, fille du sultan des diables). — En sorcellerie on invoque la viziresse par un nom en lui commandant : « Je veux que ce que je pense soit ! » Mais seuls les talebs et les sorcières ont le droit de s'adresser directement à elle. — Il y a encore d'autres diables avec des attributions spéciales dont les talebs emploient les noms dans la composition de leurs amulettes. Ces amulettes sont des injonctions aux démons qui sont sous leurs ordres, injonctions qui leur défendent de s'attaquer aux personnes portant ces talismans.

Satan (1) (Setan ou Chitane) n'est pas un diable,

(1) Satan, Scheïtan, génie du mal. Depuis l'Oromaze et l'Ahrimane de Zoroastre, depuis les Amchaspands et les Darwands,

c'est quelque chose qui est créé et qui pousse les hommes à faire le mal. C'est une sorte d'ange du mal. Si Satan n'était pas, l'humanité n'existerait pas puisque c'est grâce à lui qu'il y a un rapprochement entre l'homme et la femme. Satan est encore la cause indirecte des unions précoces : le Musulman pense que pour être pur il faut être marié, aussi recommande-t-il le mariage comme indispensable et salutaire dès la puberté, car en même temps intervient le Chitane. Lorsqu'un homme prend femme le Chitane pleure et quand les diables lui demandent ce qu'il a, il répond : « Un fils d'Adam vient de m'échapper. »

Malach Amavet (hébreu) ou Sidna Azraïn (arabe) est l'Ange de la Mort, on l'appelle encore Menkour el Aouer (Menkour le borgne). Cet ange ne disparaîtra que lorsqu'il n'y aura plus personne sur la terre. — C'est Moïse qui creva l'œil à ce messager de la mort lorsqu'il vint pour le tuer ; Moïse qui estimait n'avoir pas terminé sa mission, se mit en colère et lui arrachant le couteau, il le lui plongea dans l'œil. L'ange remonta au ciel et se plaignit à Dieu qui vint lui-même trouver Moïse : il le calma et le baisa sur les lèvres ; aussitôt Moïse se glaça et mourut, de cette façon il échappa au trépas commun par l'intermédiaire de l'Ange de la Mort.

on a admis dans toutes les théogonies, comme étant en lutte pour le gouvernement de l'Univers, deux principes contraires, le bien et le mal, la lumière et les ténèbres. Cette théorie a persisté et combien de gens croient encore à l'existence de Satan, dont la forme moins connue que ses attributs a varié à l'infini.

Il y a deux anges qui sont les chefs des chefs des diables et qui se tiennent entre le ciel et la terre ; ils portent tous les deux le même nom : Aïz ou Aïz. Leur mission est de surveiller toutes les actions des diables et de contrôler l'exécution des ordres de leurs chefs. — Ce séjour permanent entre le ciel et la terre leur a été infligé comme punition par Dieu parce que pendant une mission qu'il leur avait confiée sur la terre ils s'étaient laissé toucher par l'ange du mal ; ils avaient séduit les deux jeunes filles d'une maison où le Tout-Puissant les avait envoyés faire une enquête.

Les Djinn (au singulier Djennoun) sont les diables familiers qui habitent la terre. Les Juifs disent : le ciel et l'eau au lieu de dire : le ciel et la terre ; aussi appellent-ils les Djinn les anges de l'eau, bien qu'ils soient en réalité les anges de la terre.

Brelt el K'bour (Mule des Tombes) s'introduit dans les maisons sous l'apparence d'un ami et entraîne les gens hors la ville, elle les piétine et souvent les fait disparaître. — On indique au Mellah la maison où elle se tient et que personne ne veut louer ; depuis quelques années, elle n'ose plus sortir parce que les rabbins ont fait des prières. — C'est une sorte de croquemitaine dont les grands et les petits s'effraient. Les Juifs sont convaincus de son existence.

La Massia (boule de chair) est une diablesse qui se transforme en un animal charnu et roulant sous forme de boules de différentes couleurs. Elle s'attaque surtout aux personnes en sueur qui viennent boire de l'eau froide et provoque chez elles des abcès ou des tumeurs.

La Taba (la poursuivante) est le génie de la mauvaise chance, on l'appelle aussi la T'Biia. Pour s'en délivrer on fait au-dessus du talon, sur le tendon d'Achille, le tatouage suivant ××. Ou bien on porte sur le corps un scorpion enfermé vivant dans un étui de roseau. Cette diablesse mange les enfants, mais c'est la mère qui doit porter l'amulette, car c'est à ses pas que l'ogresse s'attache.

Autres démons. — L'*Aphrit* est une chimère qui avait sept têtes sur un corps : elle pouvait détruire une ville en un quart d'heure. Les diables peuvent prendre sa forme. On ne voit plus l'Aphrit aujourd'hui.

Dans le temps où ces monstres composaient la garde d'honneur du roi David qui était tout puissant et commandait sur la terre et au dessous, un Aphrit eut l'idée de voler la bague du roi, cet anneau mystérieux en vertu duquel il pouvait faire tous les miracles. L'Aphrit donna cet anneau à Assoumdaï et dès lors David se trouva sans force et sans puissance. Assoumdaï s'installa dans la maison de David qu'il chassa. Exilé de son pays, celui-ci fit son possible pour y rentrer : il frappa à toutes les portes en disant qu'il était le vrai roi, mais on ne l'écouta pas. Cependant à la longue, les âmes charitables finirent par s'émouvoir et allèrent s'enquérir auprès des femmes du palais. « L'homme que nous avons à la maison, répondirent celles-ci, ressemble en tous points au roi David avec cette différence cependant qu'il nous préfère au moment de la menstruation. » C'est ainsi que les gens s'aperçurent de la substitution ; ils trouvèrent le moyen de reprendre la bague miraculeuse à Assoumdaï et la rendirent à David. — Assoumdaï fut puni pendant quelque temps et les Aphrit furent précipités dans la mer d'où ils ne sortirent jamais.

Pour voir les diables. — Le sorcier peut, au moyen d'écritures et de prières, montrer les diables à n'importe qui, incarnés sous forme de rats, de pigeons, de soldats, ou bien sous leur apparence réelle, c'est à dire en tout semblables aux hommes, sauf les yeux et les pieds. Il peut les montrer sous leur forme propre, aussi grands qu'une maison ou aussi petits qu'une poupée. Le diable est toujours vêtu selon la tribu ou la religion de celui à qui il apparaît et dont il est en réalité le propre démon, le représentant sous terre (chaque personne ayant un diable). Ceux qui ont des attaques de nerfs voient le diable sans le concours du sorcier.

Pour faire sortir le diable du corps d'un malade. — Le sorcier prend le pouce du malade et le tient solidement entre deux doigts, il introduit l'ongle de son propre pouce sous l'ongle du pouce du patient en appuyant de plus en plus et en ordonnant au démon de sortir. On renouvelle l'injonction en poussant davantage l'ongle dans la chair très sensible du malade, en même temps qu'on interroge le démon en lui demandant dans quoi il veut sortir: huile, cendres. Sous l'influence de la douleur, le diable finit par répondre par la bouche du patient, car on continue d'appuyer l'ongle jusqu'à ce que la réponse exigée soit donnée. Selon cette réponse on donne alors à boire au malade ou de l'huile ou de la cendre délayée dans de l'eau. — La cendre est très efficace ; jamais le diable ne revient chez celui pour lequel on l'a employée.

On peut également faire sortir le diable dans une bouteille qu'on bouche aussitôt et qu'on jette à la mer ; si la bouteille flottante vient à se briser le démon revient tourmenter le malade. On peut aussi le faire passer dans le corps d'un chien, d'un âne ou dans celui d'une autre personne.

Pour arriver au même résultat, le sorcier emploie quelquefois des *mèches de toile bleue* imbibées d'huile qu'il enflamme et avec lesquelles il brûle profondément, sur toutes les parties du corps, l'épiderme de son client.

CHAPITRE VI

LE SORCIER

Du rôle des sorciers. — Le sorcier est roi. Son prestige est le reflet de la mentalité de ses dupes dans ce pays où à chaque pas on craint de heurter un démon ou de piétiner un diable. — Remèdes internes et sachets, poisons, venins, fumées, eaux, mais surtout puissance de suggestion que donne au sorcier l'aveugle crédulité de celui qui l'appelle. Emploi de la force vitale extraite d'un animal sacrifié qu'on applique à même la peau, comme pour transférer la chaleur réconfortante, revivifiante d'une existence qu'on supprime : échange et passage d'énergie. — Sa pharmacopée est immonde : le plus souvent elle distille l'ordure et l'abjection : talismans, pierres, bêtes, déjections, sécrétions, humeurs, charognes, ordures et putréfactions, tout cela rentre dans le laboratoire de la sorcellerie où l'ignominie l'emporte sur les quelques réalités thérapeuthiques de simples et d'herbes connues.

Suivant les circonstances, indifféremment, il opère

pour le bien ou pour le mal, il guérit, il soulage, il sème l'espérance, dispense le dictame de la consolation, il donne l'amour et le rompt, lie les forces de la génération, infuse l'amitié, la modifie ou la développe, dessèche les adversaires en leur inculquant des langueurs ou des maux ; il déprave les uns, rend complices les autres, influe sur les gens, les bêtes, les choses et les éléments en les mettant à son service. Il fait descendre la lune écumante dans les herbes, remplit de mirages l'air et la terre, de fantômes la nuit ; il suggère, illusionne, il crée les factices merveilles (voir les Notes à la fin de l'ouvrage).

Au Maroc, le sorcier n'est plus l'ermite, le cénobite, le vagabond redouté, évité ; c'est l'ordinaire conseiller qu'on appelle pour la moindre chose, publiquement, ouvertement.

L'âme médiévale des populations marocaines s'accommode parfaitement de toutes ces jongleries, de tout ce lointain occultisme qui les maintient réfractaires, dans une certaine mesure, aux précisions thérapeutiques de notre science. Le Marocain, le Juif surtout, redoute la douleur, mais tel qui se refusera au coup rapide du bistouri dans un abcès, même avec précautions anestésiques, se laissera, sans broncher, couvrir le corps de brûlures lentement dessinées et appliquées par un sorcier selon des rites compliqués et des combinaisons impressionnantes. — Il est vraiment remarquable de voir avec quelle assurance les matrones guérisseuses consentent

à reconnaître aux médecins *nosrâni* quelque mérite de connaissances scientifiques et quelque habileté dans le traitement des maladies *extérieures*, mais leur refusent toute compétence dans une foule de maladies internes, d'origine diabolique, dont ils ne peuvent ni concevoir les causes, ni connaître les désastres réels et dont ils sont, en conséquence, incapables d'imaginer le traitement.
— L'école de la Salpêtrière serait bien étonnée d'entendre affirmer ainsi son incompétence formelle !

Il y a deux sortes de sorciers : les uns qui ont recours à la puissance divine ; ce sont les marabouts et certains talebs, tous ceux qui tendent à la sainteté. Les autres, les vrais sorciers, ont recours aux puissances infernales.

Le bon sorcier qui aspire à la sainteté, arrive par le jeûne et la prière à la pureté nécessaire, c'est une sorte de fakirisme ; il néglige le corps pour ne s'occuper que de l'âme et de l'esprit. — Le mauvais sorcier viole la religion : il fait sa prière à rebours, ses ablutions avec de l'urine, il emploie pour ses philtres des substances impures : écoulements menstruels, urine d'âne, excréments. Il fait œuvre mauvaise et emploie des moyens condamnables.

Entre autres, il y a des *sorciers lapideurs* qui provoquent la *Rajmyia* (action de lapider). En écrivant certains sorts et en brûlant des résines, ces spécialistes arrivent à produire la mort d'un individu, la dévastation d'une chambre, la destruction d'une maison dont les meubles gisent brisés sous les pierres que sont venus jeter les diables accourus à son appel. — D'autres encore *font enfler* : on gonfle une outre que l'on accroche à quelque mur, on la frappe ensuite à l'aide d'un bâton de grenadier sur lequel une formule a été écrite et on récite en même temps certaines prières. L'individu visé commence dès lors à enfler. On peut employer dans le même but et de la même manière un crapaud (*dofda*) : si le crapaud éclate sous les coups, le malade meurt (1). — Il y a des talebs qui ont à leur disposition certaine prière pour... faire évacuer les gaz. On obtient le même résultat, si on parvient à introduire quelques grains de sel dans le rectum de la victime.

Le Coran et les livres saints interdisent absolument la sorcellerie, l'astrologie et tout ce qui a trait à la recherche de l'avenir. C'est une règle de foi. Il est dit : « Celui qui croit à la sorcellerie donne un démenti et fait affront à trois mille six cents nabi », car la religion musulmane admet qu'il y a eu trois mille six cents prophètes. Néanmoins la sorcellerie règne en maîtresse glorieuse, populaire et despotique, grâce à l'influence juive. Salomon est considéré au Maroc comme le père des magiciens, lui qui fit construire par les Esprits ce Temple de Jérusalem, qui existe toujours dans la tradition hébraïque et dans la moderne sorcellerie.

L'évocation actuelle de Satan et de ses cohortes par

(1) Voir dans *le Satanisme et la Magie*, de Jules Bois, l'envoûtement par le crapaud, usuel dans l'Europe médiévale et même encore pratiqué aujourd'hui.

le taleb qui désire s'associer un démon, n'est qu'une variante, à peine déformée, de la *grande opération de la clavicule* qui consiste à communiquer avec les anges ou les démons en s'adressant à leur chef, lequel vient alors avec ses légions fantastiques de bêtes difformes, ses phalanges d'animaux rampants, sautants ou volants et ses cohortes de monstres humains.

La clavicule rabbinique prescrit déjà le mode de parfumer les objets avant les évocations, l'emploi de l'encens et des aromates à des heures et à des jours fixes, les ligatures, les formules d'exorcisme et d'appel comme nous les retrouverons avec de légères adaptations ou modifications dans la sorcellerie marocaine.

Les escamoteurs de l'invisible ont décrit leurs opérations magiques dans les clavicules, où sont indiquées les momeries rituelles des sacerdotes, paroles, gestes, bains, odeurs, processionnements, consécrations, turpitudes charnelles, coprophagie, ordures, fientes, menstrues, excréments, ingrédients immondes et sordides employés en d'ignobles mélanges, innombrables exorcismes pour contraindre les gnômes gardiens des trésors. Les vieux grimoires des clavicules précisent tous ces gestes ridicules et affirment l'efficacité de cette grotesque cuisine ; les lointains descendants, à force de s'abîmer dans le déchiffrement de ce fatras, finissent par s'y perdre eux-mêmes et par y croire (1).

(1) Les gnômes, dans la démonologie, sont les génies qui habitent le sein de la terre et en gardent les trésors, de même que

Ces traditions remontent d'ailleurs plus haut que la période hébraïque, à la Chaldée, à l'Égypte, à l'Inde. Les peuples anciens avaient tous la terreur de la mort mystique et, chez tous, les lois frappaient les envoûteurs. Chabas a retrouvé un papyrus égyptien portant le procès d'un berger mis à mort pour sortilèges... Cependant ce rite était surtout chaldéen. A Ninive, on a découvert des formules déprécatoires contre les néfastes influences de l'envoûtement, du sort, de la fascination, du mauvais œil, des philtres et maléfices divers. Mais Moïse, le dernier habile et vigoureux magicien, donna à ses procédés une ampleur que n'ont plus les incantations de ses misérables descendants marocains.

Certes, je n'ai pas la prétention de creuser l'exégèse des traditions de la Clavicule et de la prétendue science de la Kabbale dont l'origine est très discutée. D'ailleurs, que la Kabbale remonte aux antiques Aryens ou aux premiers Sémites, à l'école Vedo-brahmanique ou aux Mages de Chaldée, il n'en reste pas moins vrai que la Kabbale

---

les sylphes président à l'élément de l'air, les ondins à celui de l'eau et les salamandres au feu.

Les gnômes se tiennent dans les fissures métalliques, dans les grottes cristallines, sous les roches étincelantes des stalactites, ils sommeillent légèrement sous les voûtes d'or et d'argent des mines dont ils sont gardiens.

Leur légende a été importée de l'Orient en Europe avec la philosophie pythagoricienne cabalistique depuis Raymond Lulle, au XIIe siècle, jusqu'au XVIe siècle, par Pic de la Mirandole, Marcile Ficin, Paracelse, Cardan et Reuchlin.

rabbinique actuelle est le plus antique document du passé que nous possédions. Elle a été transmise jusqu'à nous par une tradition de crédulité, qui en faisait et qui en fait encore chez les Marocains, — voire chez quelques-uns de nos compatriotes dont une cérébralité tourmentée n'exclut pas la science profonde, — un mystérieux et redoutable monument de sagesse ou de force, où les puissances de lumière et surtout de ténèbres ont laissé tomber, en signes et en formules contournées, des secrets de domination et de faiblesse, de bien et de mal. Les rabbins cabalistes prétendent que c'est la loi orale de Moïse, lequel la donna sur le mont Sinaï en même temps que la Loi écrite et transmise d'âge en âge, jusqu'aux Juifs modernes, dans l'ombre sainte et mystérieuse des sanctuaires.

Les vieilles écoles de Kabbalistes accordent une puissance symbolique et effective à certains mots, à certains gestes, à certaines attitudes, par lesquels les esprits sont contraints à leur obéir : Science du verbe et du signe, autorité sur l'invisible et pouvoir consécutif sur le visible. Cet ésotérisme est la base de la sorcellerie marocaine. Tout cela vient par tradition des doctes Kabbalistes de la Judée, peut-être des bouddhistes ésotériques de l'Inde.

Les signes qui servent à cabaliser différent chez les divers peuples qui usent encore des mystérieuses influences de cette tradition, chacun ayant adapté son propre alphabet aux nécessités schématiques de la science cabalistique. Et, de même que les Persans, les Mandchous, les

Thibétains, les Brahmes attribuent séparément un caractère magique à leurs antiques alphabets, de même les Juifs marocains usent, comme équivalent cosmologique du verbe, des signes de leur *Koréish* (alphabet) : c'est la base de leur science occulte actuelle. Il est donc facile de voir combien ils se sont éloignés de leur antique philosophie transcendante, de leur ancienne science ésotérique.

ALPHABET EMPLOYÉ POUR ÉCRIRE LES AMULETTES
Désignation graphique des prophètes influents en occultisme

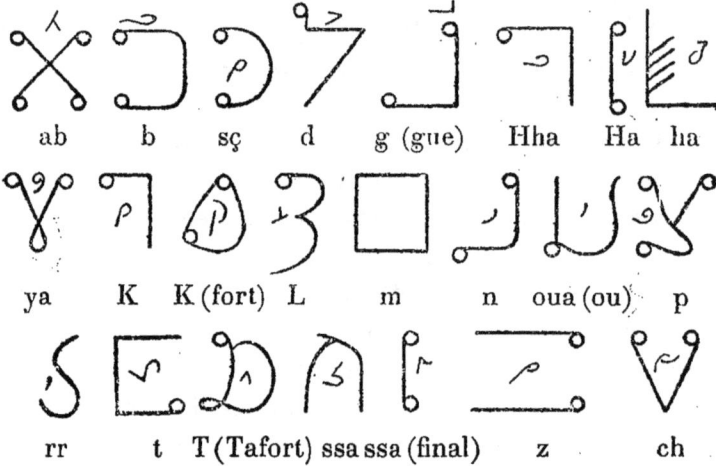

Cet alphabet conventionnel est usité dans les formules d'amulettes arabes et juives. Chaque lettre représente un prophète ou plutôt l'initiale du nom d'un prophète, d'un saint appelé à intervenir dans le sortilège, ou dont on réclame l'appui dans une maladie, pour la guérison de laquelle il possède des pouvoirs spéciaux. Chaque amulette porte ainsi le monogramme d'un des principaux prophètes.

Quant aux différents dessins symboliques qui représentent plus ou moins grossièrement dans les talismans écrits, des êtres ou des objets (chameau, cadenas, poisson, etc.), ils sont destinés à fixer la désignation, le plus souvent, d'un objet volé ou perdu. — Ils sont surtout usités dans les formules ou calculs, écrits sous les yeux de l'intéressé par le sorcier consulté.

Et ainsi l'on arrive à manier le monde si peu coercible des esprits, à disposer de tel ou tel démon ou ange ; du moins telle est la croyance de ces étrangers mystiques, depuis les Lamas, magiciens du Thibet mystérieux, jusqu'aux lamentables talebs du Maroc déchu, dont l'extension européenne pressante, pénétrante, étouffera bientôt les piteuses mômeries, les crétinisantes pratiques.

Pour devenir sorcier. — Celui qui veut devenir *taleb* fait sa demande aux diables en les priant de présenter sa requête au grand sultan ; s'il est agréé, celui-ci lui confie un démon en lui disant : « Il t'aidera dans toutes les entreprises ! » Le taleb doit faire connaissance avec ce Khdim. A cette fin, il brûle dans un réchaud toutes sortes de résines et de plantes aromatiques ; la fumée monte en colonne et se transforme en un morceau de bois qui s'allonge toujours et devient un serpent, qui se transforme de nouveau pour prendre tour à tour des apparences diverses et se changer enfin en un beau et tout jeune homme tenant à la main un couteau ensanglanté. C'est le Khdim. Ils se souhaitent la bienvenue en se touchant les mains par le revers, puis ils se possèdent réciproquement. Après cela le sorcier prend une petite boîte qu'il présente au jeune garçon, lequel se rapetisse de plus en plus afin d'entrer dans l'étui que le taleb referme et porte désormais constamment sur lui.

Pour devenir sorcière. — Celle qui veut se libérer de Dieu épouse un Khdim ; celui-ci ne la quittera plus sur la terre. A cet effet, elle se donne à n'importe qui au moment de la menstruation (à un chrétien, voire même à un animal). Elle se lave chaque matin avec son urine de façon à devenir complètement impure. Puis elle brûle des résines au diable qui sera son Khdim Chitani (Satan) jusqu'à ce qu'il apparaisse ; elle se donne à lui et désormais elle en fera ce qu'elle voudra. — Cette sorcière ne verra jamais le paradis et restera chez les diables après sa mort.

Le *Khdim Chitani* n'est appelé que pour les mauvaises actions tels que vols, crimes, assassinats, tandis que le *Khdim Rbani* (Rbi = Dieu) ne sert au contraire que pour les bonnes œuvres, c'est l'ange gardien du taleb qu'il vient toujours tirer d'embarras. — Nous avons d'ailleurs tous notre bon et notre mauvais diable : le premier se tient à la droite et l'autre à la gauche du protégé qu'ils se disputent continuellement comme une proie. — Afin de s'attacher un Khdim Rbani, le taleb, après lui avoir présenté sa requête, se retire dans quelque vallée bien loin de la ville, muni d'un miroir dont le cadre est en ébène. Il tient ce miroir à la main tandis qu'il murmure des prières et que dans un réchaud voisin brûlent des aromates ; à chaque heure, il change de linge ; comme nourriture, il ne prend que du pain peu levé, sans sel, des figues et des raisins secs. Au bout de quelques jours, le Khdim apparaît dans le miroir. « Tu as dérangé toute la maison du Très-Bas, lui dit-il, tu verras défiler les sept armées du sultan : serpents, scorpions, animaux sauvages... n'aies pas peur et surtout ne réponds pas à ceux qui t'adresseront la parole. » Il se retire. — Le taleb voit venir alors les sept cohortes et enfin le sultan sur son cheval ; aussitôt il doit arrêter la bête par la bride et présenter sa requête au cavalier. Généralement celui-ci lui accorde le Khdim, qui se présente aussitôt et salue le sorcier ; ils se touchent la main par le revers ; puis il lui indique une formule cabalistique en lui disant : « Toutes les fois que tu prononceras ce vocable je serai présent ». — Voilà comment, me dit le sorcier, les diables répondent toujours à ce que nous leur demandons.

Sorciers réputés. — Parmi les Juifs : David ben

Ba Brahim, Aninia Librati, Rebbi Abraham el Ouarzazi, Rebbi Meyer Levy.

Parmi les Arabes : Oueld el Baraka (le fils de la Baraka, Baraka = Abondance, et par extension, bénédiction). Omar ben Sliman el Ousseïm, Si Mohammed Ouebd Ma el Aïnin (eaux des yeux). Ce dernier est le prototype du sorcier ; sa puissance d'ailleurs véritable, est faite de terreur plus encore que de respect. Parmi ses *hommes bleus*, il a fait école ; et, en son absence, ses disciples le suppléent dans ses escamotages. — C'est le plus forcené ennemi de l'Europe dont il prêche la haine ; aussi peut-on prédire, si quelque soulèvement de xénophobie éclate au Maghreb, que le signal viendra de lui et que ses hommes bleus seront les entraîneurs fougueux de l'indolence arabe (1). — Enfin, Si l'Arbi el Meknesi (médecin), Si Mohammed Fadel, encore un vrai sorcier arabe, bras droit de Ma el Aïnin.

Le sorcier s'appelle chez les Juifs *Sehhar*, et chez les Arabes *Taleb* ou *Rhatt* (devin) ou encore El Azzan (plus particulièrement celui qui cherche les trésors) ; mais ils usent aussi bien que les Juifs du terme Sehhar.

---

(1) Le pressentiment si exact du Dr Mauchamp n'a été que trop vérifié. Il parlait d'ailleurs en connaissance de cause. (Note du Commentateur. — J. B.).

CHAPITRE VII

SORCELLERIE DÉFENSIVE — PHILTRES ET ENVOUTEMENTS.
POUR L'AMITIÉ, L'AMOUR, L'ATTACHEMENT,
LA DOMINATION

De la Sorcellerie défensive.— La sorcellerie est *défensive* ou *agressive*. — La première moitié du mois est réservée aux procédés défensifs, tandis que les sortilèges malfaisants ne sauraient réussir qu'à partir du 15 de chaque mois. Le mois arabe est un mois lunaire ; or toute la sorcellerie s'appuie sur l'influence du satellite dont les premiers quartiers semblent agir d'une façon bénéfique, susceptible de donner la prospérité, l'augmentation dans tout ce que l'on entreprend ; les derniers quartiers, au contraire, sont maléfiques en ce sens qu'ils ont un magnétisme rétractile.

A la sorcellerie défensive ont recours tous ceux que le mauvais œil a atteint, que poursuit la *malechance*, les mauvais sorts jetés : parents dont les enfants meurent, femmes qui avortent, jeunes filles qui ne parviennent pas à se marier, amants quittés, amoureux qui ne peuvent atteindre leur objet, hommes dont les affaires périclitent, gens qui ne réussissent pas... les faibles, etc.

Le mauvais œil. — Celui qui a le mauvais œil admire, touche, montre, distingue en un mot, un objet ou une personne, ne serait-ce que mentalement et aussitôt l'être vivant dépérit, meurt même quelquefois ; ou bien il est victime d'un accident, les objets se détériorent, s'émiettent ; aussi devrait-on ajouter après chaque exclamation admirative : Bismillah ! (que la bénédiction de Dieu tombe sur lui !)

On reconnaît les gens qui ont le mauvais œil à l'étrangeté de leur regard ; les égoïstes, en général, ont le mauvais œil, de même ceux qui médisent ou qui trompent, ceux qui ont le regard oblique ou encore ceux qui nous regardent en prenant un air fâché... il faut les fuir.

Si on connaît celui qui a jeté le mauvais œil, on se procure un peu de sel de sa maison et on le brûle avec du Harmel dont on respire la fumée pour se protéger. — En plus, on acquiert un morceau de son linge sale qu'on brûle et délaye dans de l'eau et on le fait avaler à celui qui a reçu le mauvais œil ; — ou bien une bouchée de son pain qu'on brûle ; délayée dans de l'eau, on la fait boire à la victime ; — ou quelques pincées de la cendre de son réchaud préparée de la même manière. Le maléficié en goûte un peu ; et on lui frotte le corps avec le reste. Ou enfin une braise du réchaud du maléficiant qu'on éteint dans de l'eau ; on frotte le corps du maléficié avec ce qui reste.

Si l'auteur du mauvais œil est inconnu, le cas devient infiniment plus grave. On fait alors venir un Khtât (arabe tireur de sort). Celui-ci promène sept fois autour du malade un gros morceau d'alun, en disant : « Bismillah, préserve-nous du diable qui nous lapide. » Il met l'alun dans un réchaud et, d'après la forme qu'il prend (grand ou petit pénis, grande ou petite vulve), c'est un homme, un petit garçon, une femme ou une jeune fille qui a donné le mal. On jette l'alun, ainsi qu'un charbon ardent, dans un vase de nuit ; et le malade urine dessus.

— On peut encore mettre la moitié de cet alun brûlé sous une jarre d'eau, tandis qu'on fait fondre l'autre moitié dans un verre d'eau, où viennent cracher toutes les personnes présentes. Le taleb trempe quatre doigts de la main dans ce liquide et se fait sucer les doigts par le malade en disant pour le premier doigt : Abraham ; pour le second : Isaac ; pour le troisième : Jacob ; et pour le quatrième : Elie (chez les Juifs). Les Arabes prononcent de même en mettant le mot *Sidna* devant chaque nom. — (Elie est appelé par les Arabes *Zbrahil* = Gabriel). D'ailleurs les Juifs confondent aussi Elie avec Gabriel.

Qu'on connaisse ou non l'auteur du mauvais œil on prend de l'anis bstani, on en fait mâcher quelques grains à tous les voisins qui crachent ensuite cette bouillie avec la salive dans un verre. On fait goûter de cela au malade avec les doigts qu'on lui fait sucer, et on lui enduit le corps avec le reste. Chaque personne, en crachant cet anis dans le verre, doit prononcer la formule « de la race de Joseph ». Arabes et Juifs font de même ; les Arabes disent par respect « Sidna » en plus.

On peut prendre aussi un fil de trame, que l'on coupe juste de la taille du malade ; le taleb mesure ce fil avec la main en prononçant des paroles cabalistiques. Ce fil s'allonge ou se rétrécit. Il plie le fil en huit et il le coupe. On achète du sel, du harmel, de l'alun, l'herbe Oumennès, une pierre de chaque rue enlevée avec les orteils du pied droit, et, en les prenant avec la main gauche, on met le tout dans du feu, et on fait aspirer la fumée au malade.

Ensuite on prend trois braises de ce feu avec les pierres qu'on y a mises ; et on les éteint avec de l'eau au-dessus de la tête de la victime, à qui on fait goûter de cette eau ; puis on lui en frictionne le corps et on jette le reste dans le puits en disant : « Comme cette eau est venue du puits et y retourne ; que les mauvaises paroles qu'un tel a dites rentrent dans son corps ! » Après cela, la victime absorbe une infusion de cumin.

On peut encore prendre une poignée de pois chiches et un verre d'eau ; on va à toutes les portes, celles des synagogues, celles des bains, et à la porte du Mellah (pour les Juifs). A l'aide d'un linge que l'on trempe dans cette eau, on nettoie chacun des seuils ; on presse le chiffon dans le verre et on laisse un pois chiche sur chaque seuil. Le malade boit de ce liquide et s'en frotte le corps. Ce remède est surtout employé par les femmes qui ont reçu le mauvais œil en visite ou par les hommes qui ont été atteints dans la rue. — Les Arabes emploient le même moyen ; ils vont alors aux mosquées ; seulement et en plus, ils complètent l'opération avec des écritures.

Lorsqu'une personne tombe malade, alitée par suite du mauvais œil, on emploie le remède à l'*anis bstani* avec cette différence qu'on recueille la salive de tous les dévots réunis dans une mosquée ou dans une synagogue.

Plus simplement, lorsqu'on ignore d'où vient le mal, un adulte dévide un fil de laine de la longueur de sa taille, il le coupe à cette mesure, le roule dans le creux de sa main avec sept grains de harmel et il brûle le tout sous lui ; — si c'est un enfant, sa maman lui crache simplement dans la bouche en disant : « Celle qui t'a donné le jour t'a soigné ! »

Amulettes et précautions à prendre contre le mauvais œil. — Ne jamais oublier de dire « Bismillah » lorsqu'on admire. Si l'on craint d'une personne le mauvais œil, ne pas oublier de lui faire les cornes avec l'index et le médium de la main gauche et dire *El Amiya* (la cécité, c'est à dire : que la cécité te frappe !) ; ou bien se placer la main devant la figure, les cinq doigts bien écartés devant les yeux.

Pour se préserver, on porte encore un sachet contenant sept grains d'anis bstani, un morceau de peau de tamis dans lequel se trouvent sept trous exactement, un fil de trame, sept grains de harmel, sept grains de coriandre. En plus, porter directement sur la peau, mais séparés les uns des autres : un morceau d'alun troué, une pierre du sang verte ou brune (Yemeni), l'œil gauche d'un renard ou d'un loup, une balle de plomb qui a été tirée le dernier mercredi du mois, aplatie en plaque dans laquelle on pratique sept trous. — On porte aussi la main de Fatma.

Tout ce qui est noir est bon contre le mauvais œil (de même contre le hibou et les diables); on doit donc avoir sur soi des choses noires : une bague noire, un collier noir, un bracelet en corne noire... ou encore, dans le collier, un médaillon formé de deux plaques de métal où on a repoussé cinq demi-boules, de sorte que les deux plaques réunies donnent alors cinq boules complètes, en relief.

Lorsqu'un enfant semble être atteint par le mauvais œil, afin d'éviter qu'il tombe malade, les parents comptent sept poutres au plafond.

Une bête pie préserve le troupeau. — Le sanglier dans l'écurie protège contre le mauvais œil à cause de ses défenses en corne : on met au cou du cheval, afin de l'immuniser, une défense de sanglier.

Le cachet de Salomon (deux triangles entrecroisés) dessiné sur un papier ou sur le mur, un couteau dans le lit d'un enfant, sept aiguilles achetées dans une boutique exposée à l'Orient, en ayant soin de les rapporter sans parler et les placer dans la coiffure... sont autant de préservatifs très indiqués. — Dans les aliments, on plante un couteau, ou bien on met un charbon par dessus.

Lorsqu'un homme réputé de mauvais œil est entré dans une réunion de fête, on attend impatiemment qu'il sorte ; aussitôt quelqu'un se précipite sur le réchaud, prend une braise, la jette dans de l'eau et dit : « Que les yeux d'un tel s'éteignent comme s'éteint cette braise ; que ces paroles retombent sur lui ! »

Le cadi peut obliger un homme convaincu de mauvais œil à faire une promenade dans la ville avec une bride et un mors dans la bouche ; il marche debout et quelqu'un tient la bride par derrière : sa puissance sera anéantie.

Les buveurs d'huile d'argan crue ont la réputation d'avoir le mauvais œil.

L'usage veut qu'on ne complimente jamais une mère sur son enfant, comme, d'ailleurs, il est imprudent de se vanter d'avoir une belle santé : on défie le sort.

L'effet du mauvais œil se manifeste de bien des manières : se sentir soudainement accablé de lassitude en rentrant chez soi après avoir reçu une visite ; être triste et souffrir d'un violent mal de tête. — On se croit encore atteint par le mauvais œil lorsqu'on a failli prendre feu : cendres de cigarette qui tombent sur un vêtement et le brûlent, bord de burnous qui passe sur un réchaud et s'enflamme.

Avortements. Morts-nés. — Une jeune femme qui

a eu un avortement et qui en craint un autre appelle le taleb : celui-ci lui écrit cinq amulettes sur du papier; elle en place quatre dans les quatre coins de sa chambre et porte sur elle la cinquième. Le sorcier lui donne encore un mélange de résine et de plantes (musc, lubin, etc.) pilées ensemble et divisées en sept paquets; chaque soir à l'endroit où elle va se coucher, elle brûle sous elle un de ces sachets jusqu'à ce qu'il n'y ait plus de fumée; alors l'enfant actuel vivra.

Si une femme a souvent de ces avortements ou des enfants morts-nés, on dit qu'elle a été touchée par une diablesse ou que cette diablesse est venue étrangler le nouveau-né. Il y a même des femmes qui voient la diablesse et d'autres qui ont rêvé l'avoir vue: le lendemain l'enfant était mort. On fait venir un taleb ou une matrone sorcière qui cherchera à chasser ou à conjurer l'esprit malfaisant. Le taleb ou la sorcière conseille à la femme de sacrifier un bouc rouge ou noir, ou une poule, ou un coq rouge, blanc ou noir, ou encore un pigeon. On met de côté la tête, les pattes, les plumes et les organes intérieurs, on fait bouillir le reste du corps dans de l'eau. Dans un petit pétrin neuf, on réunit les parties séparées (les abatis) en y ajoutant de l'orge, de la myrrhe de deux couleurs (verte et rouge), du henné, des feuilles de roses, de la lavande, de la jacinthe, du tapioca, du maïs, du blé, des lentilles, des fèves, des grains d'une plante ressemblant à la graine de kif (hallé, plante analogue au maïs), un peigne neuf en bois, un miroir très petit, une petite soucoupe avec du fard rouge et enfin du bétel ; on laisse le tout dans le pétrin jusqu'au dernier mercredi du mois. Alors la femme, accompagnée du taleb ou de la sorcière, porte le pétrin à l'abattoir ; on y installe en même temps un réchaud allumé ainsi que du benjoin et de la coriandre. La personne qui tient le récipient sur la tête doit danser et sauter, se réjouir ; elle prend une poignée de ce qu'il y a dans le pétrin et le disperse à droite et à gauche ; elle invoque tous les diables, en la priant de laisser la victime en repos, cependant que celle-ci brûle le benjoin et la coriandre sur le réchaud. La poursuivie rentre chez elle ; si elle est prise de violentes douleurs c'est que le mal est conjuré, elle se couche ; si elle voit en rêve quelqu'un qui l'étrangle, des diables qui la tourmentent, elle les prie ardemment de la délivrer et quelquefois elle obtient cette grâce ; sinon il faut essayer autre chose.

Le même taleb prend alors un poussin très jeune et prescrit de le placer, pendant quarante nuits de suite, entre le mari et la femme ; les époux doivent coucher dans le même endroit, manger des mêmes aliments ; s'ils ont envie de boire de jour ou de nuit, chacun de son côté doit donner à boire au poussin.

Après les quarante jours, le sorcier revient à la maison, on lui procure un fil de laine de quarante coudées ; il plante deux piquets dans la maison et enroule son fil autour d'eux ; puis, s'étant procuré les plantes énumérées plus haut, le mari, la femme et le taleb vont à la campagne dans un endroit tout à fait désert. Dès qu'ils ne voient plus personne ils s'arrêtent, plantent de nouveau en terre les piquets qu'ils ont apportés et dévident l'écheveau de laine. Les plantes sont déposées par terre, et le poulet est égorgé sur ces plantes. Les trois personnes présentes s'en vont vers la droite et stationnent à une certaine distance, où elles demeurent silencieuses. Entendent-elles un grand cri, la conjuration est obtenue ; sinon rien n'a été fait, il faudra recommencer.

La femme a dû prendre avec elle du linge propre et des résines ; elle revient vers l'endroit du sacrifice, que le cri se soit fait entendre ou non, et change de linge ; elle brûle sous elle les résines, puis elle rentre chez elle sans se retourner. — Si elle rencontre, en revenant, une femme ou une vache, elle leur passe le sort qui pesait sur elle ; si c'est un homme qu'elle croise, celui-ci le reportera à sa femme.

Pour préserver de la mort les jeunes enfants, la femme enceinte d'un mois va à la campagne et cherche un figuier sauvage, elle coupe neuf fruits et dit en même temps : « Je coupe la mort de mes enfants. » A la fin de chaque mois de grossesse, elle va vers une rivière et jette une figue à l'eau ; mais elle garde la neuvième qu'elle attachera au cou du bébé qui lui naît, jusqu'au moment où il aura dépassé l'âge dangereux, l'âge auquel ses autres enfants mouraient habituellement.

Pour savoir d'où viennent ces avortements continuels, ces morts d'enfants et afin d'y remédier plus efficacement, la mère se procure un petit oignon rouge auquel elle fait prendre un bain au hammam des femmes, si c'est une Juive ; dans un seau, si c'est une Arabe. Pendant le bain de l'oignon, la femme ne doit pas parler, elle le met ensuite dans un petit sac neuf et lui fait visiter tous les saints, toutes les synagogues ou les mosquées, toujours sans parler. Le soir, elle le glisse sous son chevet et se couche sur le côté droit après avoir au préalable fait brûler dans la chambre du benjoin et de la coriandre ; en rêve, elle verra une femme qui lui parlera pour lui faire connaître la genèse de ses malheurs. Si les diables en sont cause, elle lui indiquera les sorcelleries appropriées, si les malheurs viennent de Dieu, les pèlerinages à faire ; si c'est du mauvais œil, elle lui dit de repasser elle-même le sort à une autre (comme on a vu plus haut) ; si c'est une maladie, elle conseille le remède à prendre.

Également, pour les mêmes motifs comme aussi pour connaître un secret et dévoiler l'avenir, la femme prend dans le foyer d'une voisine veuve un morceau de bois qui a commencé de brûler ; elle le baigne, lui confectionne une petite chemise et le promène ensuite dans toutes les synagogues (ou mosquées) sur les tombes des saints et dans tous les endroits habités par les diables (abattoirs, endroits où il y a du sang, fours, égouts, fontaines...) en priant ceux-ci d'aider la clairvoyance de la poupée de bois ; elle ne doit pas parler en dehors des conjurations.

Le soir venu, elle place la poupée sur un meuble, elle

la recouvre d'un linge neuf et brûle sur le réchaud du gingembre et du benjoin : alors on voit le morceau de bois s'agiter, la chambre s'éclairer d'une lueur étrange ; peu à peu la poupée se transforme en un petit diable autoritaire qui lui dit : « Parle, dépêche-toi, demande-moi ce que tu veux savoir ! » Rapidement, humblement, elle présente sa requête : Comment il faut faire pour empêcher ses enfants de mourir, ou bien son mari de la tromper... Le malin lui indique le moyen et la marche à suivre. Elle enlève le réchaud de benjoin et le diable disparaît.

Mais si la solliciteuse effarée n'a pas répondu sur le champ, le diable impatienté la soufflette ; elle en reste la bouche tordue, les membres paralysés, elle louche, elle perd l'usage de la parole, elle devient aveugle ou frappée de toute autre infirmité dépendante de la partie du corps que le soufflet a atteinte. Une sorcière est appelée alors pour appliquer à l'infirme un violent *contre-soufflet* qu'elle accompagne d'exorcismes et de remèdes spéciaux à prendre pendant sept jours. Certaines matrones sont fort demandées pour mettre fin à ces misères d'origine diabolique.

Chez les Arabes le plus souvent et aussi chez les Juifs, mais toujours avec un taleb arabe, lorsqu'on veut connaître un secret, on fait venir le sorcier. Il appelle une enfant voisine, très nerveuse de préférence ; on lui écrit des formules sur les bras et sur le front, ensuite on lui fait respirer une fumée de résines et de graines odoriférantes jusqu'à ce qu'elle tombe en catalepsie — en y mettant le temps nécessaire. — On l'interroge sur le sujet qui intéresse : le sort d'un absent, l'avenir, les menées d'un ennemi qui cherche à nuire dans l'ombre, etc.

Au Mellah, afin d'apprendre ce qu'on ignore, on cherche une vierge de onze à treize ans, à laquelle on fait prendre un bain et qu'on habille de vêtements propres. Au préalable on s'est procuré une épingle achetée dans une boutique exposée à l'est ; cette épingle, après avoir été baignée sept fois, est piquée sur le rouleau de la Loi. — Le soir, lorsque la jeune fille dort on plante l'épingle dans la tresse droite de ses cheveux et on lui brûle tout près du visage du benjoin avec quelques graines. Alors elle s'agite et parlant au pluriel comme si elle s'exprimait au nom des Esprits qu'on appelle en elle, elle dit aux personnes présentes : « Que voulez-vous ? interrogez-nous, nous vous dirons tout ce que vous voulez savoir. » Alors on lui pose des questions auxquelles elle répondra.

Sorcellerie banale de femmes, sans sorcier. — Les femmes se livrent couramment elles-mêmes à des pratiques simples de sorcellerie facile, sans avoir recours à un taleb ou à une sorcière professionnelle. A ces sorcelleries de femmes, il est absolument impossible à un homme de prendre part ou d'assister. Si, par extraordinaire, un homme doit s'y trouver, il faut qu'on lui dessine préalablement entre les deux yeux une raie verticale représentant un tatouage de femme et sur le pénil, une autre raie verticale simulant une fente vulvaire, de façon à le *déguiser* en femme par ces précautions symboliques.

Le peigne à carder. — C'est la nuit. On prend un peigne à carder la laine et on l'habille en homme, en lui mettant un burnous et un turban ; on lui fait de la barbe avec de la laine ou un morceau de peau de mouton. On choisit une chambre préparée comme un salon, et on y place un matelas, un tapis, un service à thé complet, des bougies allumées ; tout est disposé comme pour une réception. Un rideau divise la pièce en deux parties. Le peigne à carder ainsi affublé s'appelle *Baba Cheikh* (vieux père Cheikh) ; on l'installe sur le matelas et l'on dispose devant lui un couscouss préparé avec la main gauche par une jeune fille première-née. Baba Cheikh doit alors recevoir les Esprits, les diables. Une négresse soulève le rideau pour laisser entrer les Esprits que les femmes de la maison invitent très poliment à entrer auprès de Baba Cheikh. Quand celui-ci est censé avoir fini de manger, on éteint les bougies et tout le monde se retire derrière le rideau pour laisser reposer Baba Cheikh. Les femmes font comme lui et dorment. Alors des rêves inpirés par Sidi Cheikh viennent visiter les dormeuses qui se trouvent renseignées et instruites par les Esprits des choses qu'elles désiraient connaître ; on fait cela particulièrement à propos de projets de mariage ; pour être renseigné sur le mari qui est en voyage, etc.

Mauvaise chance. — Lorsque des gens sont poursuivis par le sort mauvais dans toutes les circonstances de la vie, on emploie les moyens suivants pour le conjurer. Le taleb ou la sorcière apporte un fil de trame, un fil de laine et mesure, avec ce fil, tous les doigts et les orteils de la personne poursuivie ; il mesure encore le corps puis il fait une boulette de ce fil qu'il fait avaler au patient. Il recommande de surveiller les selles du malade afin de retirer ce fil auquel on joint des piquants de hérisson, des feuilles de plusieurs plantes indigènes parmi lesquelles de l'anis appelé aveugle, de l'alun, des graines diverses, le placenta d'une ânesse à son premier né ; le sabot d'un âne, un caméléon vivant qu'on coupe en morceaux, de la résine, du soufre, du varech, la carapace d'une tortue d'eau, et la mâchoire d'un chien.

La personne intéressée porte tout cela dans un jardin ainsi qu'une gargoulette et une louche en bois. Elle s'approche du bassin où elle prend avec la louche neuf cuillerées d'eau qu'elle met dans la gargoulette et jette la dixième cuillerée derrière elle. On envoie chercher une pierre à chaque porte de la ville, un caillou du lit d'un fleuve et de l'eau où un forgeron a éteint son fer. On fait du feu dans lequel on chauffe les pierres, on fait bouillir l'eau de la gargoulette avec celle du forgeron, et pendant l'ébullition on y jette les pierres chauffées ; la personne poursuivie se lave avec le liquide ainsi préparé, puis elle brûle dans le feu les objets énumérés plus haut en se tenant au-dessus du réchaud. Elle change de linge et rentre chez elle sans se retourner ; l'être vivant qu'elle rencontre, homme ou animal endosse la *malchance*.

On emploie les mêmes résines brûlées sur l'emplacement d'un trésor afin d'éloigner les diables qui en sont les gardiens. Mais pour retirer ce dépôt précieux, il faut que le taleb qui opère ait autorité sur ce groupe spécial de diables, autrement les démons indignés transporteraient les indiscrets fouilleurs très loin de là, sans qu'ils sachent comment ils y sont venus. — C'est leur vengeance.

Autre moyen de se délivrer de la mauvaise chance :

Si c'est une femme, elle se coupe les ongles des pieds et des mains, elle se fait épiler et se tient très propre ; si c'est un homme, il se coupe seulement les ongles et se tient propre, ensuite, il ou elle va au bain : il faut que ce soit le dernier mercredi du mois. Pendant ces premières opérations, on envoie une femme au cimetière avec un réchaud de benjoin et de coriandre (ce mélange est d'usage lorsqu'on s'adresse aux diables). Après le bain, revêtue de frais, la victime s'achemine elle-même vers le cimetière et cherche une vieille tombe oubliée ; elle pose le pied droit et le réchaud sur la pierre et elle brûle les graines ; puis s'adressant au mort, elle lui demande de la tirer de son inquiétude. Elle creuse dans la terre du côté de la tête, elle retire trois petites pierres et rentre dans sa chambre qui doit être minutieusement propre, ainsi que la literie (il ne faut pas qu'une femme réglée ait traversé la pièce). Elle glisse les trois pierres sous son chevet ; dans la nuit, en rêve, le mort de la tombe lui apparaît et lui dit : « Depuis bien longtemps je dormais tranquille dans ma tombe, que me veux-tu ? Pourquoi m'as-tu dérangé ? » La victime présente sa requête. Le mort apitoyé lui indique où a été enterré le sort porteur d'ennuis ou bien si elle a simplement foulé aux pieds, sans le vouloir, un talisman qui ne lui était pas destiné. Dans tous les cas, il lui donne le moyen de se délivrer du mal ; à une jeune fille qui ne trouve pas de mari, il donne le moyen de plaire ; s'il s'agit d'un fiancé inconstant, il lui indique celui de le rendre fidèle ; à une femme stérile, il conseille de changer de mari ou bien il lui dévoile la cause et le remède si la stérilité provient d'elle.

Le lendemain, si le quémandeur a trouvé l'amulette enfouie, il reporte à la tombe les trois pierres ; s'il n'a rien découvert il les conserve pendant trois jours encore sous son chevet et continue les recherches. Cela ne peut réussir que dans ce délai. — On déterre toujours quelque chose : quelque clou rouillé, quelque lambeau de papier souillé, écrit par un taleb, un chiffon noué plusieurs fois... — Lorsque la personne se trouve en possession de l'objet ensorcelé, elle urine dessus et le porte dans un jardin ainsi que les ingrédients indiqués précédemment, elle observe la marche à suivre, les mêmes pratiques que plus haut, ensuite elle se lave, change de vêtements et, retrouvant sa bonne humeur, elle s'en retourne toute contente chez elle.

Un autre moyen consiste à se rendre au cimetière arabe où les morts sont enterrés avec une brique aux pieds et une autre à la tête ; ces briques sont appelées *témoins*. Le poursuivi enlève celle de tête sur n'importe quelle tombe, il la porte chez lui ; il brûle benjoin et coriandre et la glisse sous son oreiller ; le reste comme plus haut. — Les Juifs se font accompagner par un taleb arabe pour aller prendre en cachette la brique témoin.

Moyens d'attirance. Le Soukh. — A l'usage des jeune filles qui ne trouvent pas de mari, des veuves dans le même cas, des marchands sans clients, des hommes qui ne jouissent pas de la symphatie publique.

Ceci doit se faire au Soukh principal (bazar) un jour de grand marché : à Marrakech, le jeudi.

La victime va chez un marchand de henné et, sans parler, elle lui donne un peu de henné, le marchand comprend et lui en vend ; elle enterre ce henné à l'entrée du marché sur le chemin par où arrivent les Arabes de la campagne et elle prononce ces mots : « Que mon Soukh se remplisse comme se remplit celui-ci ! » Ce qui veut dire s'il s'agit d'une jeune fille : je veux que beaucoup de fiancés se présentent afin que je puisse mieux choisir. Lorsque le marché est bien garni, elle déterre le henné et demande à un porteur d'eau, un peu d'eau, elle y trempe le henné et se frotte le visage avec cette pâte et dit : « Que l'oubli dans lequel je vis cesse et que mon Soukh soit peuplé comme celui-ci ! » — Elle rentre sans parler. S'étant munie d'un mortier en bois étroit et haut, elle attend que l'on soit couché dans la maison et chez les voisins ; se mettant nue, elle sort et posant le mortier près du puits elle verse dedans sept gobelets d'eau pour le rincer puis elle y brûle benjoin et coriandre ; elle rentre dans sa chambre avec le mortier posé sur les deux mains, elle le fait rouler sur son dos pour le laisser tomber derrière elle et elle se couche nue. — En rêve, un diable (où le mort si elle est allée au cimetière) lui apparaît et lui donne le moyen de réussir.

Pour terminer, elle retourne au marché le jeudi suivant, elle se procure du henné et en enterre une partie comme précédemment, mais au lieu de regarder passer les gens par dessus le petit fossé, elle se promène dans le Soukh, elle jette de temps en temps une pincée de henné derrière elle et ramasse un peu de terre en compensation de ce qu'elle a laissé tomber en disant : « Je laisse ici ma guigne et je ramasse le sort. » De même elle sème une pincée de henné auprès des différents articles qui se vendent au bazar, herbes, bétail... et ramasse chaque fois une pincée de terre. Elle prend encore une pincée de terre dans une fourmilière, puis, allant dans son jardin, elle arrache une feuille à chaque arbre ; elle se rend ensuite au marché aux graines, elle prend par trois les graines de toutes les espèces qu'on y vend ; enfin avant de rentrer chez elle, elle achète un peu de toutes les herbes et résines que débitent les spécialistes, puis un petit miroir et une louche en bois.

Aussitôt arrivée à la maison elle concasse le tout par terre, excepté la louche et le miroir qu'elle a placés à côté d'elle, la louche par dessus la petite glace. — Plongeant par trois fois ses doigts dans du miel, elle fait un petit paquet de tout ce qu'elle a ramassé, elle l'entoure d'un fil de trame en laine, elle l'enduit de safran ou de miel ou bien elle le fait passer sur du musc ou de l'ambre qu'elle brûle afin de lui donner un parfum, puis elle place le paquet sur soi en disant : « J'attache avec moi l'esprit de tous ceux qui ont foulé cette terre que j'ai ramassée. » — Si elle vise plus particulièrement quelqu'un, elle dit : « J'attache à moi le cœur d'un tel. » — Et dans les deux cas elle ajoute : « Je te charge au nom de Dieu, au nom de Mahomet et au nom de *Kouna ben el Koun* (fille du roi des diables) de réaliser ce que ma bouche te demande : qu'on enlève aux gens que je veux leur cœur et leur esprit jusqu'à ce qu'ils viennent me chercher ! Si celui que je désire est dans cette ville, qu'on lui enlève son cœur et qu'il vienne tout de suite ; s'il est loin, qu'on lui enlève son cœur, que les montagnes deviennent des plaines et que les ronces se changent en soie ! » Et pour terminer : « Tout ce que le diable veut réussit ! »

Sortilège recommandé aux marchands qui ne gagnent pas, aux gens aimables qui ne peuvent se faire aimer, à ceux dont les faveurs accordées par le Maghzen suscitent la jalousie. — Le demandeur s'adresse à une sorcière à laquelle il donne deux centimes pour acheter une feuille de papier et du miel ; elle se procure également de la lavande, deux sortes d'épices et enfin du henné auprès de deux sœurs nées du même père et de la même mère. — Ensemble ils cherchent un mur dans lequel il y a beaucoup de trous ; la sorcière coupe la feuille de papier en petits morceaux, et l'homme nomme les gens qu'il soupçonne de ne pas l'aimer.

A chaque nom, la sorcière trempe un morceau de papier dans le mélange qu'elle a fait de miel, de lavande et d'épices et obstrue un trou en disant : « De même que je bouche ce trou, je ferme la bouche d'un tel. » La sorcière fait ensuite un petit paquet de toutes sortes d'herbes, qu'elle a préparées à l'avance ; en ficelant ce paquet elle dit : « En même temps que j'attache ce paquet, j'attache toutes les langues qui médisent de cet homme. » L'homme suspend ce paquet à son cou et s'en va.

Qui se croit persécuté prend sept crabes d'eau douce qu'il apporte à la sorcière. Celle-ci les dépose à terre et les recouvre du couvercle conique percé, qui sert à couvrir la marmite à cousscouss. Les crabes se mangent entr'eux, la sorcière prend celui qui reste, elle l'enveloppe dans un chiffon et le remet à l'homme qui doit le placer sous son aisselle droite. Elle prononce des formules cabalistiques tandis que l'individu dit : « De même que je tiens et que j'écrase le vainqueur, je voudrais prendre et écraser tous ceux qui me nuisent et disent du mal de moi. » — Lorsque le crabe est étouffé, la sorcière lui ouvre le corps et elle place une perle fine dans chaque œil en disant : « De même que je ferme les yeux de ce crabe, je veux que tous ceux qui ont une haine contre cet homme aient les yeux fermés. Ensuite elle introduit du corail dans la bouche du crabe et dit : « De même que je ferme la bouche, etc.... »

Avec un mélange d'ambre, de musc, de santal, d'alun, la pointe d'un pain de sucre, des clous de girofle, de la cannelle, du camphre et des plantes diverses, le tout pilé ensemble, elle remplit le ventre de l'animal, puis elle attache le crabe au mur pendant trois jours, le matin du côté de l'Orient, le soir du côté du lever de la lune. En l'accrochant, le matin, elle murmure : « Je veux qu'un tel éblouisse, comme éblouit le soleil dévoilé par les nuages. » Et le soir : « Là où un tel se trouve je veux qu'il soit vu par tout le monde comme on voit de partout la lune dans le ciel. » — Pendant ces trois jours, le soir à onze heures, elle brûle devant l'animal un mélange analogue à celui avec lequel on lui a farci le corps ; chaque fois qu'elle brûle ces parfums, elle invoque les différentes tribus des démons, et leur dit : « Je veux que vous soyez toujours présents là où se trouve un tel et que vous l'aidiez dans tout ce qu'il entreprend. — Après ces trois jours, elle enveloppe le crabe dans sept morceaux d'étoffe de couleurs différentes, la dernière devant être verte, et elle dit : « Comme j'enveloppe cet animal, je veux qu'un tel soit ainsi enveloppé dans la sympathie de ses semblables. » On fumige encore la « mumie » et l'intéressé se la suspend au cou.

Après cela, l'individu persécuté est à l'abri de tout, il réussit dans tout ce qu'il entreprend, il peut même commander aux puissants, au sultan ; il sera toujours écouté, il peut voler, ceux qui le verront n'en diront rien. — C'est en employant ce moyen qu'un caïd inquiété et abandonné de tous, éloigna ses ennemis, obtint sa grâce ainsi qu'une faveur. Le sultan s'inclina.

Un homme, qui est bon et qui n'arrive pas à se rendre favorables les gens importants dont il a besoin, prend un canard qu'il garde pendant trois jours chez lui. Il commence par le gaver avec du cousscouss composé de semoule, henné, lavande et miel, puis, après et pendant les trois jours, il le nourrit des mêmes aliments dont ils se nourrit lui-même (si le canard mangeait autre chose, d'autres personnes en profiteraient). Dans l'intervalle des repas, il cache le canard et dit : « De même que tu ne vois que moi, tu me feras bénéficier seul de ce que je fais pour toi. » — Après trois jours, il lui met la tête entre les jambes, il l'enveloppe et l'étouffe sous son aisselle en disant : « Comme j'étouffe cet animal, je veux que toutes les voix qui médisent de moi soient étouffées. » — Lorsque l'oiseau est mort, il lui ouvre le ventre et le garnit avec le mélange indiqué à l'article précédent. Pendant les trois jours qui suivent et chaque matin, il monte sur la plus haute terrasse de sa maison, et, là présentant le canard mort au soleil levant, il dit : « De même que le monde a besoin d'être éclairé par tes rayons, je veux que les gens le soient aussi par ma voix. » — Il attache enfin le canard à un mur, face au soleil, jusqu'à ce qu'il soit desséché, puis il le pile et en fait une poudre qu'il garde chez lui. — Pour essayer l'effet de cette poudre il en prend une pincée dans ses mains et il s'achemine vers la maison d'une personne dont il ne se croit pas aimé. Au moment d'entrer, il s'en frotte les mains et la figure, et il dit : « De même que le canard plonge dans l'eau, je veux que les gens s'inclinent devant moi, dès que j'apparais ». — Alors celui qui le recevait mal d'habitude lui fait fête. — Désormais il se servira de cette poudre toute les fois qu'il voudra être bien accueilli.

Celui duquel on médit se rend chez un Aïssaoua, il lui donne un douro et le prie de couper devant lui la tête d'une vipère. Au moment où la tête tombe il s'écrie: « Ainsi soit tranchée la tête de mes ennemis et que leur langue soit arrachée ! (= qu'ils soient confondus). » Il porte la tête de la vipère chez lui et lui enfonce une perle dans chaque œil, ainsi que du corail dans la gueule, en disant à chaque opération : « Je ferme les yeux de mes ennemis. » — « Je clos la bouche de mes ennemis. » Enfin il va chercher dans les broussailles une peau de serpent mué, dans laquelle il enveloppe la tête de la vipère, et il dit : « Que ceux qui me nuisent soient pris de terreur, comme lorsqu'on voit dans la forêt le serpent se battre avec la vipère ! » Il met ensuite le tout dans un morceau de toile blanche et s'attache ce talisman au cou.

Pendant trois semaines de suite, il se rend au marché dans la même ville ; chaque fois il achète du henné qu'il jette derrière lui, en disant : « Je rejette mon mal en invoquant le nom de Dieu ! » Après le troisième marché, à minuit, il brûle des résines, musc, bois de santal, etc. à la tête de vipère ; puis, il l'enveloppe dans sept étoffes de couleurs différentes et dont la verte est la dernière. En l'enroulant dans chaque enveloppe, il invite une tribu de démons à lui venir en aide (1).

Il doit enlever ce talisman chaque fois qu'il approche une femme ; car, une fois souillé, il perdrait ses vertus.

Autre moyen. — Il s'adresse à une sorcière qui lui dit de lui apporter des escargots. Elle s'enquiert auprès de lui du nom des personnes dont il veut être respecté ou aimé, et elle donne à chaque escargot le nom de l'une de ces personnes ; puis, avec des ciseaux, elle leur coupe la tête en disant : « Ainsi j'abats la tête d'un tel. »

Elle se fait acheter encore certaines herbes et en pétrit une pâte avec de la bouse de bœuf ; puis elle bouche les escargots en disant : « Ainsi, je clos la bouche d'un tel qui médit de cet homme. » Elle prépare un cousscouss de semoule avec miel, sucre et huile, et elle en enterre un peu, avec un escargot, à chaque porte de la ville (le couss-

---

(1) Le chiffre sept correspond à sept tribus spéciales de diables ; car il y a, dit-on, autant de tribus sous terre qu'il y en a au-dessus.

couss au fond du trou, l'escargot par dessus et de la terre pour couvrir le tout). Et dès lors les vœux de l'homme se réalisent.

Autre moyen. — La sorcière se procure chez un boucher sept bouts de langues de vaches si c'est pour une femme, sept bouts de langues de bœufs si c'est pour un homme; elle se procure en outre un petit poussin non éclos, elle lui arrache la langue et dit : « Ce n'est pas la langue de ce poussin que j'arrache mais celle de la personne ennemie. » Elle tord le cou du poussin, lui casse les ailes et les pattes en faisant la même allusion à la personne que l'on craint. — Elle achète muscade, clous de girofle, cannelle, poivre, thym, mastic, benjoin blanc, bois de santal, différentes herbes et pile le tout. — Ayant laissé sécher au soleil pendant trois jours les sept bouts de langues et le poussin, elle les pulvérise; et, les mélangeant à la poudre obtenue, elle en fait un sachet qu'elle dépose sur un cousscouss en train de se faire afin que la vapeur le pénètre. Elle prononce ces paroles : « De même qu'on ne peut manger le cousscouss sans commencer par la semoule (les légumes sont toujours au fond) je veux être cette vapeur qui plane au dessus de tout. » — L'intéressé porte le sachet sur lui et lorsqu'il veut se rendre indispensable à quelqu'un, obéi ou écouté, il met un peu de cette poudre dans les aliments de la personne qu'il vise : celui-ci, désormais, ne pourra plus se passer de lui.

Quelqu'un qui recherche des sympathies se procure un gros rat ; il se fait établir un tout petit moulin en pierre, un moulin à moudre le grain ; avec un peu d'argile de potier, il modèle une petite statuette représentant la personne dont il veut se faire aimer ; il fixe cette effigie sur le pivot du moulin comme en le piquant par le nombril. Après avoir attelé le rat au moulin, comme on le ferait pour un cheval, il le pousse avec un brin de jonc en guise de cravache. — Le rat fait tourner les pierres pendant que la semoule dont on a garni le moulin s'éparpille entre les meules et vient tomber dans une petite soucoupe en terre non cuite et tandis que l'intéressé dit : « Qu'un tel (celui dont on veut se faire aimer) erre partout et revienne vers moi de même que cette semoule qui se disperse pour arriver quand même dans cette soucoupe ». Il a ajouté, pour être moulu avec la semoule, du tapioca, du henné de deux sœurs, du benjoin blanc et du mastic.

Pendant que le rat fait tourner les meules, la personne éloignée dont on recherche l'affection a des troubles nerveux, vertiges, frissons, etc., et demande chez lui qu'on lui fasse venir la personne qui opère à ce moment et l'envoie chercher. — Celui-ci avant d'y aller prend un peu de terre de sa babouche droite en l'enlevant au moyen d'une pièce d'argent en disant : « Je prends en même temps l'esprit d'un tel pour qu'il ne puisse faire un pas sans me consulter. » Puis il ajoute à cette terre un peu de miel et de la terre de fourmilière, il en fait un paquet qu'il porte sur le côté droit de la tête cousu dans sa calotte, dans le turban, ou piqué dans la tresse, il porte continuellement ce petit talisman et ses vœux sont exaucés. — On continue d'ailleurs ce manège jusqu'au moment où la personne désirée envoie chercher l'opérateur. Cela peut durer longtemps ; si le rat meurt on le remplace par un autre ; si l'opérateur est fatigué, il charge quelqu'un, sa femme ou sa fille, de continuer l'opération et de fustiger le rat.

Autre moyen. — L'individu intéressé se procure la tête d'un mouton qu'on a égorgé, il va chez celui qui a pour métier de coudre les linceuls et lui demande un morceau de linceul d'un mort, la dernière aiguille enfilée dont il s'est servi et un peu de l'eau dont on s'est servi pour faire la toilette du cadavre. Il prépare ensuite des herbes et des résines semblables à celles employées pour le canard; il en emplit la bouche du mouton qu'il coud en comptant les points et en disant : « Ce n'est pas la bouche du mouton que je couds, mais la bouche d'un tel qui ne l'ouvrira désormais que pour ma louange ! »

Ensuite il trempe le morceau de linceul dans un bain de safran, benjoin et coriandre ; il enveloppe avec cela la tête du mouton et il l'enterre en disant : « Ce n'est pas la tête du mouton que j'enterre, mais le fils d'une telle. » (Ici le nom de la mère.)

Pour soumettre une tribu. — Un caïd dont la tribu se révolte, ou un sultan dont le peuple se soulève fait venir une sorcière et lui dit de soumettre sa tribu. Dans la première quinzaine du mois, la sorcière va chercher un peu d'eau à sept sources différentes, elle prend un pétrin neuf qu'elle baigne et dans lequel elle brûle un peu de benjoin et de coriandre. Elle va ensuite au hammam, elle s'habille de linge et de vêtements propres.

A une heure de la nuit, seule et sans prononcer une parole, elle se rend au cimetière, elle déterre le corps d'une personne morte le jour même, elle ouvre le linceul, fait sortir les bras du cadavre qu'elle asseoit devant elle et lui pose sur les genoux le pétrin dans lequel elle a mis de la semoule, du miel et du *Sakta* = « elle fait taire » (la graine silencieuse, ressemblant au basilic, graine noire brillante très petite), plus les baies rouges d'une solanée *Haïph-dib* (raisin du loup). — Avec les mains du mort elle pétrit le cousscouss et pendant cette horrible cuisine, dans la terreur de la nuit et du lieu, elle prononce ces paroles : « De même que les abeilles viennent de partout lorsqu'elles sentent l'odeur du miel, je veux que les tribus arrivent de loin se soumettre à leur chef. » Avec calme elle recoud le linceul, et couche le mort pour son éternel repos ; puis elle rentre chez elle avec son pétrin de cousscouss qu'elle porte ensuite au caïd, lequel invite les tribus soulevées et leur offre du cousscouss préparé chez lui et dans lequel on met un peu de celui que le mort a pétri.

— Tous ceux qui en mangeront prononceront sûrement la phrase : « Nous nous soumettons. »

Une femme qui veut soumettre son mari, ou toute personne qui veut s'attacher quelqu'un peut faire de même.

16

Pour s'attacher son mari volage, une Arabe jalouse d'El Kzar s'en alla pendant une nuit au cimetière, où était déposé le cadavre d'un homme qu'on devait enterrer le lendemain. Elle apportait avec elle tout ce qui était nécessaire pour pétrir un cousscouss savoureux. Elle s'installa auprès du mort, et en faisant agir les mains du cadavre elle lui fit manipuler le cousscouss destiné, grâce à cet artifice macabre, à reconquérir l'infidèle époux. — La préparation culinaire s'avançait, lorsque, soudain, par suite des mouvements imprimés au cadavre, l'abdomen éclata sous l'action des gaz... la femme tomba morte de peur aux côtés du cuisinier de l'au-delà. Le lendemain on trouva les deux corps côte à côte : les mains du mort étaient encore plongées dans le cousscouss...

Un Arabe rencontrant, un jour, un Français qu'il connaissait, lui raconta qu'il venait de chez un savant Taleb qui lui avait remis, contre honoraires, un talisman précieux pour le délivrer des taquineries de sa femme, une vraie mégère qui lui faisait la vie dure. Et il déploya un long grimoire qui devait avoir raison du caractère acariâtre de sa femme. — Le Français émit des doutes sur l'efficacité du talisman calligraphié et prétendit offrir pour rien à son ami marocain un talisman bien plus sûr et d'une efficacité certaine et il lui apporta une solide matraque . . . .

Pour dominer son mari une femme prépare un des sept lobes de la cervelle d'une hyène avec du poivre, de l'alun, des clous de girofle et autres épices, elle en fait un sachet qu'elle porte sur elle. — En même temps, elle fait manger à son mari une langue d'âne cuite qui a été coupée sur l'animal vivant. — Dès lors elle aura la suprématie dans le ménage ; l'homme sera tremblant devant elle, comme l'âne devant l'hyène.

C'est pourquoi les chasseurs ont toujours le soin d'enfouir les têtes des hyènes qu'ils tuent.

Un morceau de peau de lion, surtout s'il est découpé au milieu du front, — porté sur soi, — vous fait respecter et craindre de tout le monde. — De même les serres de faucon.

Brouille d'amants. — Un mari, brouillé avec sa femme, veut se réconcilier ; il s'adresse à une sorcière qui lui fait acheter un réchaud neuf, dans lequel elle brûle benjoin et coriandre. Si la personne visée est blanche, on modèle une statuette en pâte de farine ; si elle est couleur brique, la statuette sera en argile ; si elle est noire, l'argile sera enduit de charbon. La sorcière dépose l'effigie au fond du réchaud vide qu'on recouvre d'un couvercle, sur lequel elle pose de la braise allumée ; enfin elle place le tout sous un capuchon de cousscouss, en terre et à trous. — Quatre fois dans la journée : le matin, à midi, au moghreb et à minuit, elle active ce feu et brûle benjoin et coriandre, en disant : « O vous qui êtes chargés de cette affaire (les diables), nous vous invitons à venir en aide à cette personne, lorsqu'elle aura besoin de vous ! » — L'individu intéressé va chez la personne qu'il veut reconquérir ; et, avant de lui parler, il murmure en la comparant au vent: « Tu as soufflé et je t'ai calmé par la force de Dieu! », puis : « Tu es le feu et je suis l'eau qui l'éteint ! » Dès lors la réconciliation est faite.

Moyen employé par les femmes à la suite d'une querelle d'amants, si ni l'un ni l'autre ne veut faire le premier pas ou par l'amoureuse qui veut affoler d'elle encore davantage son amant. — Elle prend une soucoupe à carmin vide ; elle achète toute sorte de plantes (celles du canard), elle prend la serviette dont ils se sont servis la dernière fois qu'ils se sont vus, elle en coupe sept morceaux étroits et longs d'un doigt, elle remplit chaque bande d'un peu de ce mélange de plantes, et elle roule chaque lanière sur sa cuisse droite nue, en tournant toujours de bas en haut. Avant de terminer chaque rouleau qui formera une mèche, elle trempe sa main dans du miel et l'enroule une dernière fois pour le coller. Elle place les sept mèches dans la soucoupe remplie d'huile et dépose cette veilleuse sur l'ouverture d'un puits perdu, elle allume les mèches et recouvre le tout d'un capuchon à cousscouss, en disant : « Ce ne sont pas les mèches que j'enflamme, mais le cœur d'un tel, fils d'une telle. Il ne se calmera que lorsqu'il sera auprès de moi. » — Avant même que les mèches soient entièrement consumées, l'amant frappe à la porte.

Autour de l'amour. — Un homme et une femme s'aiment, mais ils ne peuvent se rencontrer. — L'amoureux se procure un peu de terre du seuil de la maison de la bien-aimée et dit : « Ce n'est pas cette terre que je prends, mais l'esprit de toutes les personnes qui fréquentent cette maison. Il ajoute à cette poussière de la lavande, du henné et du miel ; il brûle le tout sur un plateau à torréfier le café en disant : « Je veux que l'amitié des habitués de cette maison soit aussi chaude pour moi que ce que je brûle en ce moment. » Il recueille cette cendre dans un sachet et se l'attache au cou. — Les personnes de cette maison ne pourront manquer de l'inviter à la première occasion, il se fera d'abord prier pour accepter finalement. Au moment de se rendre à l'invitation et à l'aide d'une tige d'herbe, il prend un peu de salive sur sa langue et il la dépose délicatement sur un morceau de sucre. Une fois chez la bien-aimée il s'arrangera pour glisser le morceau de sucre dans la théière en pensant fortement : « Ne m'oublie pas jusqu'à ce que la salive de ma langue me quitte (= jusqu'à la mort) ». — Pour être plus sûr de mieux garder sa conquête, il ajoute sur le morceau de sucre un peu de son sperme.

Une femme qui veut se faire aimer d'un homme se procure un merle, un peu de sperme de l'amant s'ils se sont déjà fréquentés, sinon un morceau de son caleçon ou de son pantalon. — Elle égorge le merle avec une pièce d'or (les pièces marocaines sont assez tranchantes) et elle dit : « J'égorge cet oiseau au nom d'un tel, fils d'une telle, je veux que son cœur reste toujours attaché à moi ! » Elle recueille le sang de la victime sur le morceau de caleçon, elle y ajoute le sang d'un homme tué à la campagne (1), du *n'ser* (sorte de pierre semblable à de la nacre, du talc probablement), la plante *chô*, du sucre et du miel, elle met le tout dans un morceau d'étoffe verte et l'attache avec un fil rouge. — Si elle veut avoir cet homme par caprice momentanément, elle attache le paquet à son cou ; si elle veut l'avoir constamment chez elle, elle enterre ce sachet sous la cendre du réchaud, en ayant soin qu'il ne brûle pas. — Cela ferait souffrir l'homme.

Une passionnée exclusive coupe la tête du merle, lui arrache les yeux de façon à ce qu'ils restent intacts et les met de côté ; elle remplit les orbites avec la plante *S'm'kala* (celle qui bouleverse, fait tourner la tête) en disant : « Je ne clos pas les yeux du merle, mais les yeux d'un tel, fils d'une telle, qui ne doit les ouvrir que sur moi ! » Ensuite elle empaquète la tête dans un morceau d'étoffe précieuse et elle la garde dans son coffre. — Quant aux yeux du merle, elle les enveloppe dans un lambeau de la serviette de toilette dont ils se sont servis,

(1) Ce sang desséché sur des morceaux d'étoffe est vendu en ville à l'usage des sorciers. — On raconte que la personne, portant sur elle le sang d'un individu assassiné à la campagne, tue le petit enfant ou le poulain qu'elle rencontre.

ou dans un morceau du pantalon de l'amant, en y ajoutant musc, ambre, chô, sucre, miel, ainsi que la plume du petit oiseau blanc : *Ter t'banni* (oiseau, « suis-moi ») ; elle coud tout cela dans un sachet et se l'attache au cou après avoir fait passer l'homme par dessus.

L'amoureuse qui veut se faire aimer s'introduit dans le vagin le bout d'un pain de sucre jusqu'à ce qu'il soit bien imbibé, ensuite elle le retire, le concasse et le mélange avec *El Aya* ou *El Micta* (la Vivante et la Morte), plante qui porte sur la même tige deux grains, l'un plein, l'autre vide et desséché, elle ajoute *La Silencieuse* (autre plante), du chô, du sucre et du miel brut qu'on vient de retirer de la ruche. — En mélangeant elle murmure, faisant allusion à la première plante : « Comme cette herbe porte deux grains, un mort et un vivant, sans qu'ils se séparent, je veux que mon amant soit éternellement attaché à moi et étranger aux autres ! » Elle fait goûter de ce mélange au bien-aimé.

Une femme passionnée veut qu'un homme ne s'intéresse qu'à elle exclusivement au point d'en négliger ses affaires ; elle veut « qu'il ait constamment les yeux fixés sur elle ». — Elle se procure une serviette de toilette ou un morceau de linge de corps de l'homme qu'elle désire subjuguer, puis, elle modèle une statuette d'argile dans laquelle elle place, enroulé dans le morceau de linge, le mélange suivant : une plume du petit oiseau *Azata* (viens) une plume de l'oiseau *Ter t'banni* (suis-moi), l'herbe *Halba* (la Victorieuse), une autre *Llô*, des « raisins du loup »,

du *N'ser* (mica); elle met le tout dans le linge, puis elle l'enferme dans la statuette et bouche le trou avec de l'argile.
— Dans sa chambre, elle place un réchaud et brûle benjoin et coriandre, puis elle y allume de la braise et sur ce lit de braise, elle couche la statuette. — Cette opération est à recommencer pendant sept nuits consécutives à minuit. — Pour faire cela elle se déshabille complètement et présente son bas-ventre au feu, se prosternant ainsi devant la statuette et disant : « De même que les hommes ne sont fous que du vagin d'une femme, je veux qu'un tel se prosterne constamment devant moi ainsi que je le fais devant toi, ô esclave du feu ! » — La septième nuit elle rêve de l'homme qu'elle veut ensorceler, il l'étreint, elle en éprouve du plaisir : l'envoûtement a réussi.

Désormais, toutes les fois qu'elle voudra le posséder effectivement, elle n'aura qu'à remettre l'effigie sur le feu et à présenter son corps nu à la braise : à n'importe quelle heure du jour ou de la nuit, il sera à elle, jusqu'à l'épuisement, si elle le veut.

Ce réchaud doit être réservé exclusivement à l'usage de cette sorcellerie. Chaque fois qu'elle s'en sert, elle répétera la formule suivante : « O esclave du feu, toi qui ne dors et ne te repose ni jour ni nuit, puisque tu m'as promis de mettre un tel à ma disposition, envoie le moi sur le champ. »

Variante employée par la femme pour faire revenir le bien-aimé qui reste trop longtemps en voyage ou quand elle ne le voit pas assez souvent, s'il est dans la même ville. — Elle va dans sept moulins différents, elle y recueille avec la main gauche une poignée de farine qui tombe de la meule; elle pétrit cette farine avec l'urine de l'homme qu'elle vise ou avec ce qu'elle a pu râcler sur un morceau de son vêtement. De cette pâte, elle fait une statuette qu'elle remplit avec les organes intérieurs d'un geai et le mélange cité plus haut. — Pendant trois jours, à midi, elle se rend aux abattoirs, elle place la statuette au milieu de l'enceinte et lui brûle benjoin et coriandre, puis elle agite son foulard de tête dans toutes les directions et elle invoque les diables en les priant de faire en sorte que « le bien-aimé ne soit tranquille que lorsqu'il pourra mettre la figure sur la sienne et les pieds sur les siens ». — De même, pendant ces trois jours, à minuit, elle place l'effigie au milieu de la cour et tandis qu'elle lui brûle benjoin et coriandre, elle invite la lune et les étoiles à lui venir en aide. — Pendant les trois jours suivants, chaque soir, à minuit, elle place la statuette sur un réchaud comme précédemment, elle se déshabille, présente son bas-ventre au feu, puis elle se prosterne trois fois en prononçant les mêmes paroles que plus haut : « O esclave du feu, etc. » — Chaque nuit elle rêve que le bien-aimé est près d'elle, la troisième nuit il vient réellement.

Elle garde la statuette et le réchaud pour en user par la suite comme précédemment.

Si c'est un homme qui veut envoûter, il opère de même, après s'être procuré un objet de lingerie intime de la femme qu'il veut posséder.

Autre moyen. — La demandeuse prend une marmite neuve en terre émaillée, l'œuf de Moor (pierre), de l'opium, des concrétions biliaires de vache, du harmel, la plante aromatique *Hah-nah* qu'on met dans le thé, du thym, de l'absinthe, de la jacinthe, (le tout doit être acheté un vendredi) : elle met cela dans la marmite remplie d'huile. Le samedi soir, l'envoûteuse place la marmite sur un feu doux chez elle, puis au dehors, elle loue un four dans lequel elle brûle benjoin, coriandre et henné de deux sœurs ; avec la perche du four elle agite le feu et ordonne péremptoirement à la perche, trois fois de suite : « Fais moi venir mon mari, mon amant, etc. » Ensuite elle entoure le haut de la perche avec son foulard de tête, en guise de bride, et elle quitte le four en la traînant par le foulard ; trois fois de suite, elle parcourt ainsi la distance entre le four et sa maison en disant : « Que les diables fassent revenir un tel sans qu'il s'en doute, de même que je traîne cette perche ignorante de ce qui lui arrive ! » Puis, aussitôt rentrée chez elle, la perche est lavée et, après lui avoir brûlé benjoin et coriandre, elle la reporte au four. — Elle fait cela pendant trois samedis de suite, le lendemain du troisième samedi la personne visée arrive. — Pendant ces trois semaines, la marmite reste sur le petit feu qu'on entretient constamment ; mais, lorsque l'envoûté est revenu, on jette le contenu de la marmite et on brise celle-ci.

Une femme qui veut se faire aimer et qui ne peut se procurer aucun objet intime de celui qu'elle désire, emploie le moyen suivant : Elle s'introduit dans le vagin une date sèche, dure, qu'elle garde jusqu'à ce qu'elle se ramollisse ; après l'avoir retirée, elle la concasse avec le mélange suivant : du sucre imbibé de sa salive le matin à jeun, de la plante *N's'Kala* (= qui bouleverse), de la plante *Llo*, quelques pépins de coings, de la plante *Tariala*, une autre appelée *Fenina* ; et elle fait avaler de ce mélange à l'homme dont elle veut se faire aimer.

Amulette. — La vulve de la femelle du porc-épic, portée sur soi, fixe l'amour, attache le mari ou l'amant.

Tous les sortilèges d'amour doivent être faits dans la dernière quinzaine du mois.

Sorcellerie à l'usage de la femme adultère qui veut aveugler son mari trompé. — Elle s'enduit les fesses de miel et s'asseoit sur de la semoule trois fois de suite en mettant de côté, chaque fois, la semoule qui est restée collée à elle. A cette semoule elle ajoute trois gouttes de son urine sans prendre la première goutte qui tombe en urinant. Elle se donne un lavage vaginal et mêle un peu de cette eau aux précédents. — Puis elle achète la langue d'un âne, la cervelle d'une hyène, de l'opium, la plante silencieuse ; elle pile tout cela ensemble, elle le manipule avec la semoule et en fait un pain auquel elle donne la forme d'une croupe d'âne. — Pendant qu'elle travaille la pâte, elle dit : « Je fais ceci pour un tel, fils d'une telle ; que je le conduise comme un âne, sans qu'il ait l'idée de protester ; qu'il soit comme un fumeur d'opium, sans volonté ; qu'il devienne comme l'hyène, sans réflexion, sans intelligence. » Elle envoie ce pain au four pour le cuire, et elle le fait manger à son mari.

Remède contre cet envoûtement. — On reconnaît facilement la victime de cette sorcellerie : elle est pâle, de mauvaise humeur, sans appétit, elle souffre de blennorrhagie sans se rendre compte comment elle a pu la contracter.

Voici le remède : Le mari trompé prend un hibou vivant, il l'enferme dans une casserole neuve hermétiquement close, qu'il place entre deux feux, pendant toute la journée, et jusqu'à ce que l'oiseau soit entièrement calciné. Il le retire et il le pile. Tous les matins il plonge trois doigts dans le miel, puis dans cette cendre et il les suce. — Il se procure aussi un jeune caméléon, qu'il pose sur une petite meule rougie placée sur le feu et, se mettant au-dessus, il attend que le caméléon éclate ; à ce moment là, il se verse sur le corps de l'eau qui a servi à éteindre le feu chez sept forgerons différents et dans laquelle on a délayé du henné de deux sœurs du même père et de la même mère ; l'eau coule sur le caméléon et emporte le mal.

Il est aussi très facile de reconnaître qu'un homme est victime d'un sortilège d'amour : il est très assidu auprès d'une femme, en même temps qu'il maigrit, s'affaiblit, et dépérit... « se consume d'amour ». Le remède à employer est celui-ci : L'envoûté prend une bouteille de vin dans laquelle il fait macérer de la fénina, du curcuma, de la cannelle, de la selle humaine brûlée, sept cloportes, dix graines de la plante Tafrifert, le tout mis en poudre ; et il prend chaque matin un petit verre de ce vin.

CHAPITRE VIII

SORCELLERIE AGRESSIVE
PROCÉDÉS D'ENVOUTEMENT, D'ÉCRITURES, D'OCCULTISME

Les philtres et envoûtements pour la haine, l'éloignement, le malheur, la mort ne réussissent que dans la dernière moitié du mois lunaire ; car, pour les sorts de vengeance et de haine, on dit toujours : « De même que la lune se retire, je veux qu'un tel disparaisse... »

La pâte lunaire. — Pour le bien et pour le mal.
La sorcière qui risque d'être sollicitée à chaque instant et souvent à l'improviste, afin de s'éviter des courses nombreuses et de la fatigue, a toujours chez elle une provision toute prête des herbes et objets nécessaires pour opérer. Entr'autres, et ce n'est pas la moins importante : la *pâte lunaire*.

Elle achète un pétrin neuf pendant le jour, elle le lave et lui fait visiter, le soir, toutes les habitations des diables : abattoirs, fosses d'aisances, cimetières et tombeaux de saints ainsi que les synagogues et mosquées, dont les diables sont gardiens. — Elle prend de l'eau de sept sources ou puits couverts; et, chaque fois, elle invite les diables à venir l'aider à la descente de la lune. — Elle fait tous ces préparatifs la veille de la pleine lune, c'est à dire la veille du quinze du mois arabe. — Le soir de la pleine lune, entre minuit et une heure du matin, elle se noircit l'œil droit avec du khôl, elle se met du carmin sur la joue droite, du béthel sur la mâchoire droite, un bracelet au bras droit, un anneau au pied droit et elle se fait une tresse à droite. Puis elle va seule au cimetière, elle pose son pétrin à terre, juste au milieu de l'enceinte, elle se met nue et portant à la main un petit drapeau vert attaché à un roseau, elle parcourt la nécropole d'un bout à l'autre et dans tous les sens en priant de nouveau les esprits des ténèbres de lui faire descendre la lune. — Dans le pétrin elle a versé l'eau des sept fontaines. Alors on voit la lune monter au zénith, puis descendre lentement jusque dans le pétrin. Immédiatement une tempête s'y déchaîne, l'eau écume et déborde... Précipitamment la sorcière recueille au fur et à mesure cette mousse dans une cuvette. — Pendant ce temps, le benjoin et la coriandre brûlent dans un réchaud voisin du pétrin; et la sorcière commande : « Je veux que tu me serves pour le bien et pour le mal ». — Quand le vase est plein d'écume, la sorcière éteint le feu d'encens et verse l'eau du pétrin par terre : la lune libérée remonte lentement au ciel... Et la sorcière rentre chez elle avec sa cuvette d'écume à laquelle elle ajoutera, en poudre, du musc, de l'ambre, du mastic, du benjoin blanc. Elle en fait une pâte qui servira pour faire le bien comme pour faire le mal.

Usage de la pâte lunaire. — Veut-on séparer un associé de l'autre, on met un peu de cette pâte sur le chemin de l'un des deux ou bien on s'en enduit les doigts avant de leur serrer la main.

De même pour devenir l'ami de quelqu'un ou pour rompre avec lui. — Selon les circonstances on pense à l'amitié ou à la séparation ; dans le premier cas, après s'être mis un peu de cette pommade sur le front, on dira : « Que je lui apparaisse comme apparaît la lune au ciel, après des heures de ténèbres. » Et dans l'autre cas, on murmurera : « Que je lui produise l'effet que produit l'obscurité dans le ciel après le coucher de la lune. » — Pour rendre quelqu'un malade, on lui fera goûter de cette pâte en disant : « De même que la lune m'a obéi, je veux que cette pâte m'obéisse et accable un tel de telle maladie ! » — La femme qui veut se venger d'une ennemie en lui donnant des pertes continuelles, lui fait prendre un peu de cette pâte en pensant : « De même que j'ai descendu la lune dans de l'eau qui coule, je veux que cette pâte fasse couler le sang de cette femme comme coule l'eau dans une rivière sans que rien ne puisse l'arrêter. »

Si un homme veut se faire aimer d'une femme, il se

présente chez la sorcière pour avoir un peu de cette pâte qu'il se met entre les deux yeux ; il se présente alors chez la femme, qui le reçoit dans ses bras. — Un individu désire la maîtresse d'un autre, il touche ou il fait toucher la figure de la femme avec un peu de pâte lunaire et dit : « Ainsi que la lune brille et disparaît en laissant l'obscurité derrière elle, je veux que le visage de cette femme s'obscurcisse devant son amant ! » L'amant se lassera bientôt d'elle et la détestera ; celui qui la convoitait pourra l'avoir quand il voudra.

Pour rendre impuissant. — Moyen employé par une femme dédaignée, ou par les épouses jalouses des caïds, qu'on oblige à partager avec d'autres la tendresse de leur mari. — La femme se rend chez une sorcière qui lui donne un peu de pâte lunaire et lui conseille de se procurer un peu de sperme de l'homme qu'on veut ensorceler ou un lambeau de caleçon taché, de chercher un morceau d'olivier sauvage ou de figuier stérile, d'envelopper la tête de ce morceau de bois avec le lambeau d'étoffe taché enduit de pâte lunaire, puis d'aller avec ce paquet au cimetière, y chercher une tombe ancienne et d'enterrer ce simulacre dans la tombe en disant : « De même que ce mort est là depuis des années sans pouvoir bouger, je veux qu'un tel reste incapable durant toute sa vie ! » Mais si elle veut faire exception, elle ajoutera : « Qu'il soit incapable pour toutes les femmes et capable pour moi ! »

Autre moyen. — Elle prend deux aiguilles qui n'ont pas encore servi, elle les pique des deux côtés du seuil de la pièce où l'homme a l'habitude de se tenir. Après qu'il est entré, elle retire les deux aiguilles, elle enduit l'œillet de l'une d'elles avec un peu de pâte lunaire et elle introduit la pointe de l'autre aiguille dans cet œillet en disant : « De même que cette écume ne saurait retourner à la lune, de même que cette aiguille ne peut sortir de là sans ma volonté, je veux qu'un tel reste paralysé aussi longtemps qu'il me plaira. »

Ou bien la femme fait venir un menuisier, qu'elle conduit dans un jardin de figuiers, où elle lui commande de tailler dans un figuier une de ces petites serrures en bois avec lesquelles on ferme les jardins; elle place cette serrure de façon à ce que l'homme passe par dessus ; puis, après avoir enduit les dents de la clef avec de la pâte lunaire et du sperme de l'homme visé, elle ferme la serrure en disant : « Ainsi je ferme mon mari, et qu'il ne soit disposé à nouveau que le jour où il me plaira d'ouvrir cette serrure. » Elle place ensuite la serrure sous son chevet et elle cache la clef en pensant : « Je veux que mon mari souffre en voulant m'approcher et qu'il ne puisse me toucher. » — Vengeance usitée par l'épouse meurtrie de coups, ou moyen indiqué pour pétrifier le mari lorsque la femme adultère veut l'éloigner d'elle. — Il y a même des moyens pour qu'une femme puisse se faire aimer en présence de son mari pendant la nuit et même pendant le jour.

Elle peut aussi acheter un couteau qu'elle ouvre et qu'elle place sur le passage de l'homme qu'elle veut rendre incapable, elle le ramasse ensuite ; puis, après avoir mis un peu de pâte lunaire et un débris de caleçon taché, dans la fente du couteau, elle le ferme en disant : « Je veux que de même mon mari soit fermé pour toutes les femmes jusqu'à ce que j'ouvre ce couteau. » — Si elle veut le rendre incapable pour toute sa vie, elle enterre le couteau dans une tombe en disant : « Que mon mari ne redevienne capable que le jour où ce mort le redeviendra lui-même. »

Une femme qui veut se venger de son mari ou de son amant prend un peu de terre de Bab R'Mat et de Bab el Rob, ce sont deux portes de la ville de Marrakech, elle achète la plante qui bouleverse (S'm'Kala), la silencieuse (Sakta ou Meskouta), elle pile le tout et pétrit cette poudre avec l'urine de sa victime : avec cette pâte elle modèle un tout petit moulin. Elle place chacune des petites meules de ce moulin de chaque côté de la porte par où l'homme va entrer ; et, lorsqu'il est passé, elle reforme le moulin qu'elle enveloppe dans un morceau de linceul pour l'enterrer dans quelque vieille tombe en disant : « De même que ce mort ne peut s'allonger par dessus sa pierre, je désire qu'un tel n'ait pas la force de se coucher auprès d'une femme. »

Remède contre l'impuissance. — Le Taleb commande au malade d'aller au Soukh aux grains et de demander à sept marchands différents le prix de leur orge, en prenant chaque fois ce que peuvent saisir trois doigts allongés. Il achète ensuite du henné, de l'orge, du tapioca, de la semoule, de l'huile et du sucre, il mélange le tout et le met dans un papier. Il cherche sept fourmilières ; à l'entrée de chacune d'elles, il dépose un peu de cette composition et y substitue une pincée de terre qu'il prend, en disant aux fourmis : « O vous qui connaissez tous les coins et recoins de la terre, veuillez, en échange de ce que je vous offre, déterrer le sort qui me poursuit ! » Il va ensuite à une fontaine avec une cruche neuve et une louche en bois bien lavée, où il a brûlé benjoin et coriandre. Il verse neuf louches d'eau dans la cruche, il jette la dixième derrière lui. Il rentre avec la cruche, il se procure une tête de corbeau, de l'alun, un jeune caméléon vivant, de la sandaraque, un peu de soufre et sept cafards ; accompagné du Taleb, il porte tout cela au cimetière sur une tombe très ancienne. Dans l'eau de la cruche il délaie la terre des sept fourmilières, il se lave avec cela et change de linge pendant que le Taleb brûle au dessous de lui toutes les choses énumérées plus haut. — Ainsi vêtu de linge propre, l'envoûté se dirige vers l'abattoir avec l'orge qu'il a ramassé par pincées ; là il brûle benjoin et coriandre ; puis invoquant Assumdaï (le roi des diables), Salomon et David par trois fois, il les supplie de venir à son aide pour lui permettre de *revoir ses enfants* ; enfin il rejette l'orge derrière ui, il sort de l'abattoir à reculons, et, une fois dehors, il marche droit jusqu'à sa demeure. — Pour s'assurer du succès du remède, il s'enduit les parties génitales de musc et tente la cohabitation. Cela réussit presque toujours ; mais, si le résultat est nul, il faut chercher un autre stratagème.

Il y a une amulette préservatrice mettant les hommes à l'abri des sorcelleries qui les rendent impuissants : c'est une aiguille tordue de telle façon que la pointe entre dans l'œillet. On doit la porter constamment sur soi.

Stérilité. Fécondité. — *Moyens pour empêcher de produire la conception.* — Pour rendre une femme stérile on trempe la lame d'un couteau dans l'écoulement menstruel de la victime et on l'enterre au cimetière. — Elle sera stérile tant que l'objet sera enterré.

On prend encore un oiseau qu'on enterre après l'avoir égorgé et avoir introduit dans son corps ailé un morceau de linge souillé par celle qu'on menace.

Si on veut détruire le sort qu'on a jeté et dont on se repent, on déterre l'oiseau, on urine dessus et on le jette ; puis on fait manger à l'envoûtée un oiseau semblable, qu'on a fait cuire avec de la sandaraque blanche.

On peut aussi rendre stérile en prenant un petit vase de terre non cuite, dans lequel on introduit un linge souillé du sang de celle qu'on poursuit, après avoir enroulé ce linge et l'avoir attaché avec un crin de la queue d'une mule. On ferme le vase et on l'enterre au cimetière en disant : « Qu'une telle soit stérile comme le sont les mules ! »

Ou bien on prend le vieux fer d'une mule, on enfile dans l'un des trous un morceau de linge taché de sang et on cloue le fer par ce trou au mur d'un cimetière en prononçant ces paroles : « Cette femme n'aura d'enfant que le jour où la mule en aura. »

On peut encore rendre une femme stérile en lui faisant avaler la moitié d'un coquillage dont on garde l'autre moitié ; la coquille est censée aller boucher l'orifice de la matrice. Il faut penser fortement, en lui faisant avaler, dans l'obscurité, cette moitié de coquille sans que la victime s'en doute : « Tu ne redeviendras féconde que le jour où je te montrerai l'autre moitié. »

Pour détruire ce sortilège, il n'y a qu'à montrer à la jeune femme la valve qu'on avait conservée.

La poudre d'or rend inféconde ainsi que les perles noires de verroterie de colliers pulvérisées. — Ou les graines de mimosas, en faisant avaler autant de graines que l'on souhaite d'années d'infécondité. — Ou encore les crottes de mouton, en comptant une crotte par année de stérilité désirée.

On peut aussi placer des grains d'orge à l'entrée d'une fourmilière ; quand une fourmi saisit un grain, on le lui arrache en disant : « Ce n'est pas l'orge que je t'arrache, mais un enfant à une telle ! » Compter un grain par année de stérilité et en mettre autant de côté pour les lui montrer, le jour où on voudra qu'elle ait des enfants.

Une jeune fille vient de se marier ; pour la rendre stérile par vengeance, on se procure du henné qui lui a servi le jour des noces, on le cache dans un endroit secret et on le recouvre d'une assiette. — Jusqu'à ce qu'on enlève l'assiette elle restera stérile.

Il est un moyen employé, le jour des noces, par les parents de petites mariées trop jeunes; — On fait avaler de l'eau à la fillette dans sa babouche gauche en disant qu'elle n'aura d'enfants que le jour où elle boira autant de fois dans sa babouche droite.

Dans le même cas, on donne à la petite épousée des boules de henné pilé et pétri avec de l'urine d'enfant non circoncis; ce henné doit provenir de cinq jeunes femmes, mariées pour la première fois, ayant épousé cinq hommes qui se marient aussi pour la première fois.

Vers l'âge de sept ans, on noue les cheveux des fillettes en leur faisant des ablutions rituelles sur un métier de tisserand : « Je noue une telle jusqu'au jour où je la dénouerai ! » Au moment du mariage on la dénoue de même sur un métier de tisserand en prononçant : « Je dénoue une telle. »

Stérilité sans remède. — Pour rendre une femme stérile pendant toute sa vie, on lui fait avaler des grains d'orge tombés de la bouche d'une mule et trempés dans le sang de ses propres menstrues. — Ou bien on glisse dans ses aliments un peu d'urine de mule ou de mouton; la formule à prononcer est celle-ci: « De même que le mouton (ou la mule) ne peut avoir de petit, etc. » — Ou encore : Dérober un morceau de placenta à une accouchée et le faire manger à une mule. — Dans ces trois derniers cas, une femme ne pourra jamais redevenir féconde malgré tous les traitements et les incantations des talebs.

Pour se rendre stérile, une femme doit acheter *le Miroir du Diable* (tout petit miroir rond) et le présenter aux parties génitales, en disant : « Je n'aurai d'enfant que le jour où je présenterai ce miroir à cette même place. » (En usage chez les prostituées.)

Ou bien elle prend le frai d'un poisson de Moïse (poisson de rivière), elle en mange une moitié et conserve l'autre moitié, qu'elle absorbera, délayée dans de l'eau, le jour où elle désirera avoir des enfants.

Ou encore au moment de la délivrance, faire mettre le placenta dans une assiette, puis enterrer le délivré dans une tombe abandonnée ; quant à l'assiette, on la retourne sens dessus dessous et on l'oublie dans un coin. — Le jour où on la retournera comme elle doit être, la femme pourra devenir enceinte à nouveau. — Si une femme garde sa ceinture pendant le rapprochement, la matrice est nouée, il n'y aura pas de conception.

Il y a encore d'autres moyens employés dans le même but, tels que glisser dans le vagin un morceau d'alun, l'alun fait tourner en eau le sperme. Ou encore du coton, du liège, de la noix de galle ou de l'écorce de grenadier ; on retire ces objets après le rapprochement, mais il arrive qu'on les oublie ou qu'on ne peut plus les atteindre, d'où quelquefois des troubles locaux sérieux.

On ne doit jamais porter la ceinture d'une femme qui n'a pas eu d'enfant, car on deviendrait également stérile.

Fécondité. — Une femme stérile qui veut avoir des enfants doit avaler vivant un petit poisson trouvé dans le corps d'un gros poisson. — Ou avaler le prépuce cru d'un petit garçon qu'on vient de circoncire ; généralement on paye quelqu'un pour le prendre en cachette. — Ou encore on avale vivant un gros lézard blanc à démarche lourde, trapu, qu'on trouve sous les pierres et qu'on appelle la graisse de la terre (Chaamatt l'ard). — Pour faire porter une femme stérile, pour la faire *retenir*, il faut lui jeter un bol d'eau froide sur le ventre aussitôt après le rapprochement ; les matrices trop chaudes rejettent la semence.

Pour avoir des filles. — Si par vengeance, on veut faire avoir des filles à une femme qui a toujours eu des garçons, il faut compter ses gorgées d'eau ou ses bouchées quand elle mange ou encore se procurer un cheveu de sa tête, le nouer un nombre de fois correspondant au nombre de filles qu'on lui souhaite et tâcher de lui faire avaler ce cheveu dans un morceau de pain ou dans tout autre aliment.

Pour avoir des garçons. — Si une femme qui n'a que des filles veut avoir des garçons, on lui amène au moment où elle vient d'accoucher un petit garçon d'une femme qui n'a que des garçons ; cet enfant lui présente, sur le revers de ses deux mains, les testicules, enduits de goudron, du premier coq égorgé pour le bouillon de la malade. La jeune maman se penche sur les mains de l'enfant et mange ces testicules sans les toucher avec ses mains.

Dans le même cas on donne à manger à l'accouchée une guêpe vivante enveloppée dans de la mie de pain jusqu'à ce qu'elle soit étouffée. — Ou encore la femme se procure un petit serpent *mâle* qui vient de naître, elle le coupe en autant de morceaux qu'elle veut avoir de garçons et elle les mange après les avoir fait bouillir. Si au contraire elle veut des filles, elle choisira un serpent femelle.

Elle peut aussi prendre avec les lèvres sept grains d'Ikiker (petits grains noirs qu'on trouve dans les blés) roulés dans du goudron et présentés sur le revers des mains par le petit enfant d'une mère qui n'a eu que des garçons. — Elle pourrait encore se procurer la louche en bois d'une femme n'ayant eu que des enfants mâles, elle brûle le bout de la louche et l'écrase dans de l'huile, puis elle trempe dans cette matière autant de doigts qu'elle veut avoir de garçons et elle les suce.

La sorcière conseille également de prendre de l'orge rôtie que la femme donne à manger, dans sa jupe, à une vache qui n'a eu que des veaux mâles, puis elle entoure le corps de la bête de sa propre ceinture et lui dit: « Je te donne des filles, tu me donnes des garçons. » — Quelquefois aussi après la naissance d'une fille on met l'accouchée sur son lit de façon à ce que tous les assistants soient devant elle, et on lui fait croquer sept grains de café ; ensuite elle se retourne sur l'autre côté en disant : « De même que je change de position, de même je change d'enfants. »

Pour faire tomber les cheveux. — Un homme veut faire tomber les cheveux d'une femme, il s'en procure une mèche qu'il enduit de goudron et de pâte lunaire ; et il dit : « Par qui est cachée la lune ? — Par les nuages. — — Que produisent les nuages ? — La pluie. — De même que la pluie tombe abondamment des nuages, je veux qu'abondamment tombe la chevelure de cette femme. » Il enterre ensuite cette boucle dans un endroit sale (égout, fosse d'aisances, fumier). Après quelques jours, la tête de la victime se couvre de vermine et les cheveux tombent.

S'il veut arrêter la chute, il n'a qu'à retirer les cheveux de la fosse.

L'homme peut aussi ensevelir la mèche dérobée dans une fourmilière ; au bout de trois jours il la retire et la jette au feu avec sept grains de coloquinte, puis il agite le tout avec une branche de laurier en disant : « De même que ces grains éclatent sur cette braise, je veux que le cuir chevelu d'une telle éclate et qu'il se couvre de boutons et de vermine ! ». Il fait un paquet des cendres qu'il place dans la fourmilière, en disant : « Le mal de cette femme ne cessera que le jour où je retirerai ce paquet. »

Comme remède, on prend des feuilles de chêne, du mercure, de l'iris, le tout pilé ensemble et délayé dans de l'huile. La victime s'enduit la tête avec cela pendant trois jours. Puis elle fait bouillir jusqu'à ce que cela mousse : du mercure, des cendres de R'tem, du Z'rkoum (terre qui sert à peindre en rouge), du savon et de l'huile. Elle se frictionne pendant sept jours de suite le cuir chevelu avec cette lotion, puis elle se lave à l'eau et au savon.

Ce remède est encore très indiqué contre toute espèce d'éruptions : boutons de chaleur, gale, etc.

Pour faire tomber les dents. — Un homme veut faire tomber les dents à une femme ou lui rendre la bouche infecte, il se procure de sa salive, il y ajoute du vert de gris ainsi que du *Tncar* (terre dure jaune du pays) et de la pâte lunaire, on broie le tout ensemble : on en fait un paquet qu'on enterre sous des excréments secs en disant : « Comme cette matière reste toujours ici sans être nettoyée, je veux que la bouche d'une telle ait le même sort. » Quelques jours après, les dents de l'envoûtée tombent et la puanteur emplit sa bouche.

Pour donner la lèpre. — Employé surtout contre les femmes. — On prend un lézard de maison *(jecko)* que l'on jette dans l'eau jusqu'à ce qu'il meure, on cherche un coléoptère (*Touirk Pej*), sorte de scarabée de différentes couleurs qui vit dans l'herbe ; on broie cet insecte et on le délaie dans cette eau. On trouve quelqu'un pour faire boire de cette eau à la personne visée, on lui en fait jeter dans son bain, ou bien on en imbibe la serviette avec laquelle elle s'essuie le corps. Alors la femme cesse d'uriner, elle pousse des cris, tandis que des taches apparaissent sur la peau et que les ongles et les cils tombent : pourriture de la lèpre.

On dit que celui qui eut l'idée de composer ce poison, chercha pendant treize ans à sauver sa victime, mais il ne put y réussir ; les médecins qu'on appela ne trouvèrent aucun remède.

Pour empêcher d'uriner. — Pour empêcher d'uriner on emploie le même coléoptère avec sept sangsues séchées et pilées ; on mélange cette poudre avec une tige de laurier et on en fait prendre une pincée à la victime. Aussitôt le ventre durcit ; la vessie ne fonctionne plus et si le malade fait des efforts pour se soulager, il urine du sang.

Pour guérir de cette maladie, le taleb écrit avec de l'encre le signe suivant : sur un ⌐J⌐ morceau de papier. — Il délaie l'encre dans ce ⌊J⌋ signe avec de l'eau et du henné et il fait prendre au malade cette potion ; dix minutes après, on lui donne un grand verre de beurre fondu et, dès lors, la vessie fonctionne régulièrement.

Pour communiquer la syphilis. — On prend du vert de gris, des cristaux verdâtres appelés : *Baroudia* (servant à noircir les babouches), des feuilles d'aubergine, de la chaux vive, quelques insectes Toüirk Pej ; on pile le tout et on fait mettre un peu de la poudre obtenue dans le savon ou dans l'eau avec laquelle l'ennemi va se laver : aussitôt le corps se couvre de boutons purulents, le malade devient dégoûtant.

Il arrive souvent qu'une négresse fait préparer ce poison afin de faire répudier une épouse légitime dont elle est jalouse. Au Maroc, les femmes en général se servent de cette poudre pour se débarrasser de leurs rivales.

Comme remède on prend du sulfate de cuivre calciné, pulvérisé et délayé dans du beurre frais auquel on ajoute du *Sliman* (sublimé) délayé dans des œufs. On enduit chaque nuit le corps de la malade avec cet onguent ; et tous les matins on lui donne un bain froid.

Un époux veut se venger de l'autre par des maladies de peau. Il se procure la graisse d'une vipère et la peau d'un serpent qu'il place dans un endroit obscur. — Pendant sept jours de suite, il se rend aux abattoirs d'où il rapporte le contenu de l'estomac d'une bête égorgée, il se rend également au cimetière, d'où il revient chaque fois, avec un peu de terre prise sur une tombe. Au fur et à mesure il ajoute ce qu'il rapporte à la graisse et à la peau de serpent. Pendant ces sept jours, à midi, il brûle benjoin et coriandre dans tous les coins de la chambre en y répandant un peu d'huile, ainsi que dans les fosses d'aisances et près des puits. — L'huile a la réputation de chasser les djinns. — Pendant chaque opération il dit : « Je vous requiers afin que vous invitiez vos amis à m'aider dans ce que je vais entreprendre. » Après ce temps là, il prend sept insectes dont le ventre est rouge et les ailes à reflets verts, il les broie avec les matières précédentes et il les pétrit avec de la farine afin d'en former un pain dont on donne à manger à la victime ; bientôt après, son épiderme se desquamme et se couvre de boutons secs qui s'émiettent comme de la farine (sorte de dartre) ; ces boutons disparaissent et reviennent sans cesse ; les ongles s'usent seuls.

En faisant manger ce pain à l'ensorcelé, on dit : « De même que les serpents muent, je veux qu'un tel perde sa peau et souffre jusqu'à ce que je le délivre ! »

Remède : Le malade ignorant la cause de ce mal s'adresse au sorcier. Le taleb diagnostique la maladie d'après la couleur jaune de la cornée, des oreilles et des ongles. — Il prend un brin de jonc avec lequel il mesure sept fois les orteils et les doigts du malade en prononçant des formules cabalistiques : le jonc se raccourcit et s'allonge, il est tantôt trop court, tantôt trop long. Finalement la tige doit suffire. Le sorcier brûle ce brin de jonc, il l'éteint dans de l'eau et fait boire cette eau au malade.

Le taleb devra passer la nuit en dehors des murs de la ville afin d'aller cueillir le lendemain matin, avant le lever du soleil, un roseau dont les feuilles sont encore enroulées, il dépose au pied de la plante du henné et quelques grains d'orge en disant : « Je t'apporte la nourriture, il faut que tu m'en donnes le profit ! » Puis il coupe le roseau et l'écrase pour en retirer la sève; il ajoute à ce jus l'herbe *Berstem* et il verse par dessus de la graisse de poule fondue afin d'en faire un onguent avec lequel il enduit le corps du malade. — Pendant les trois jours suivants, il fait prendre au patient, tous les matins, trois à quatre verres de l'infusion suivante, préparée et bouillie dans un ustensile en cuivre : eau, bois de panama, myrthe et sandaraque blanche. Après chaque verre, le malade se promène dans la chambre et boit de l'eau tiède, afin de vomir ; il continue cette cure jusqu'à ce que l'estomac soit complètement nettoyé. — Pendant trois autres jours, pour vomir également, il s'ingurgite de l'eau tiède mélangée à de la cendre blanche « *la mariée de la cendre* » (celle qui se trouve à la partie supérieure du réchaud et qui a conservé la forme de la braise). — Pendant tout ce temps là il ne prendra aucun aliment solide, mais seulement du bouillon, du lait et un peu de pain grillé trempé dans du bouillon. Enfin, pendant les jours qui suivent, il prendra chaque matin, jusqu'à complet rétablissement, une cuillerée de soufre pilé, dissous dans un ou deux blancs d'œufs ; et contre la soif il prendra l'eau colorée d'un peu d'aniline dans laquelle on éteint un morceau d'acier chauffé au rouge. Pour faire disparaître ce qui peut rester de croûtes et de boutons, il se lavera le corps avec une infusion de bois de panama, après l'avoir fortement savonné et rincé. —

Pour donner des hémorrhagies et des pertes blanches. — On se procure un peu d'urine de la femme dans laquelle on trempe un morceau de linceul; on égorge un corbeau et on imbibe de son sang le morceau de linceul déjà humecté d'urine en disant : « Je veux que cette femme soit noircie aux yeux de tout le monde, qu'elle devienne répugnante et dédaignée ». On enfouit ensuite le paquet entre l'eau et le feu dans un bain maure.

Si on le déterre plus tard, la victime reprend son état normal.

Si on veut qu'une femme ait des écoulements continuels, on lui fait prendre la poudre de sept sangsues qu'on a enfermées dans un tube afin de les faire mourir et sécher.

Comme remède, on se purge avec du beurre rance fondu.

Pour donner la fièvre puerpérale. Vengeance de femme. — La rivale paie une matrone qui assiste à la délivrance, en la chargeant de lui apporter un linge imbibé du sang de l'accouchée. Au dessus de ce chiffon, elle égorge un hibou, puis elle brûle le morceau de linge en recueillant les cendres qu'elle mélange avec un peu de scorie de forgeron pilée; elle repasse cette poudre à la matrone qui la fera avaler à l'accouchée. Celle-ci est prise aussitôt de violents points de côté, de douleurs très vives au bas ventre, insommie, délire, haute température : fièvre puerpérale.

Le remède à ce sortilège est fort compliqué :

Contre le ventre de la malade, étendue sur le dos, on égorge l'oiseau blanc *Khma* (analogue à l'oie); on trempe un morceau de toile dans ce sang et on le tord dans un verre (c'est le sang qui l'a rendue malade, c'est le sang qui doit la sauver). On égorge aussi une colombe et on procède de la même façon. Dans ce verre on met encore de la graisse fondue de poule, une infusion de camomille, de la gomme *Mtoum*, de l'huile, une infusion passée de sept figues noires séchées, une bouillie de farine d'orge, un peu de lait de deux brebis blanches, et on chauffe le tout. — On prend alors la malade et on la place la tête en bas et les pieds en l'air ; à l'aide d'un tube introduit délicatement dans l'utérus, on lui insuffle un peu de ce mélange. — Ensuite, avec de l'indigo délayé dans de l'eau, on trace des lignes bleues sur toutes les parties de son corps : sur la poitrine, trois lignes verticales, une au milieu entre les seins, les deux autres en partant des épaules, et une ligne horizontale au dessus de la gorge ; — Sur le ventre, trois lignes verticales, celle du milieu descendant jusqu'au clitoris, et une ligne horizontale passant par le nombril ; — sur les avant-bras, deux lignes parallèles : dorsale et palmaire ; — sur chaque jambe, une ligne du talon au creux poplité ; — sur le dos, trois lignes verticales, celle du milieu partant de la nuque et aboutissant au périnée en suivant la colonne vertébrale, et une ligne horizontale, continuation de celle qui barre le nombril. — Sur les lignes courtes, devant, on marque treize points de chaque côté et sur les lignes longues du dos, vingt six points (en hébreu, les lettres du mot *Yavé* (Dieu) additionnées d'après leur place dans l'alphabet donnent le nombre 26.) — On fait une pâte composée d'ambre, de cumin, de clous de girofle, de rue, de sept tiges d'ail dont on a enlevé les gousses ; la malade doit prendre cette pâte adoucie avec un peu de son urine deux fois par jour : le matin, avant le lever du soleil, dans l'obscurité, aussi le soir, dans la nuit, en disant chaque fois : « Ce que je prends dans l'obscurité doit me donner la lumière ! » — Ce moyen calme la souffrance.

Reste le sommeil qu'il faut retrouver. Pour cela on arrache les yeux d'un hibou ; si la malheureuse vent dormir beaucoup, elle s'attache au cou l'œil droit enfermé dans un sachet en cuir avec sept grains de coriandre ; si elle demande un sommeil modéré, normal, sans cauchemar, elle y enferme les deux yeux. — L'œil droit du hibou donne le sommeil et l'œil gauche l'enlève. — Ainsi lorsqu'on a du travail le soir, afin de pouvoir veiller plus facilement, on s'attache au cou l'œil gauche ; mais si au contraire, on est tourmenté par l'insommie, c'est l'œil droit qu'il faut attacher.

Pour rendre fou. — Quelqu'un veut se venger d'une autre personne, il achète un pétrin neuf qu'il lave et remplit d'eau après sept heures du soir. — De neuf heures à minuit, il brûle benjoin et coriandre. Il se procure un morceau de chemise de l'ennemi, dans lequel il enveloppe des grains de piment et du goudron. Il creuse un trou dans un gros oignon et il y cache ce petit paquet. — Il place l'oignon ainsi garni dans le fond d'un réchaud, il le recouvre de cendres ; il répand du feu sur une tôle au-dessus du réchaud et brûle sur ce feu, à plusieurs reprises, dans la nuit, quatorze grains de poivre et autant de grains de petit piment en disant : « Je veux que le sang d'un tel, fils d'une telle, brûle comme cet oignon, qu'il soit comme un fou qu'on ne puisse plus fréquenter. » — S'il veut le faire souffrir davantage il n'a qu'à activer le feu.

On emploie aussi ce moyen pour donner à une femme des écoulements continuels.

Le remède est celui-ci: on achète un chevreau roux, un coq rouge, une poule noire, on fait des petits pains composés de benjoin, coriandre, jacinthe, mastic, pastilles du sérail et blé qu'on fait moudre par une femme dans un petit moulin. La même femme fera les pains et, pour toutes ces opérations, elle n'emploiera que sa main droite. — Puis, on va, de nuit, aux abattoirs; le sorcier appelle les diables en brûlant des aromates et en leur offrant un sacrifice pour l'aider à trouver le coupable;

il égorge les victimes en recueillant leur sang dans un vase neuf et il jette dedans le pain coupé en menus morceaux. Il dépose ensuite des fragments de ce pain trempé dans le sang à tous les coins de l'abattoir. — Pendant ce temps, on lie les pieds et les mains du malade présent, car à ce moment même sa folie est à son comble. Pourtant, au fur et à mesure que le taleb distribue cette offrande, la folie s'atténue, le taleb cesse de distribuer lorsque le malade est calme. — On passe ainsi toute la nuit aux abattoirs. — Le matin on emporte à la maison les animaux sacrifiés, le sang et le pain qui restent ; on fait bouillir le tout dans de l'eau puisée à sept sources différentes. Lorsque la cuisson est achevée, le malade et le taleb vont déposer un peu du contenu de la marmite à chaque porte de la ville, à chaque rivière, à chaque source, aux entrées de bains, de fours, aux seuils de synagogues et de mosquées, tous endroits fréquentés par les diables.

Pour rendre paralytique. — Vengeance d'époux trompé. Le conjoint qui veut satisfaction de l'injure, égorge un corbeau avec une tige de laurier taillée et lui enfonce dans le bec trois pépins de coloquinte. Il lui casse les ailes et les pattes s'il veut paralyser les membres de la victime ; mais s'il préfère lui enlever l'usage de la parole, il arrache la langue de l'oiseau. Ensuite il se procure le roi des lauriers (branche qui porte quatre tiges), il encadre le corbeau avec ces tiges, puis il enveloppe le tout dans une étoffe noire et l'enterre dans une vieille tombe oubliée, priant le mort de veiller éternellement à sa vengeance en faisant détruire tous les moyens que la personne emploierait pour se délivrer de ses maux.

Pour faire haïr, « noircir ». — Afin de rendre la vie insupportable à quelqu'un ou un individu insupportable à tout le monde, on prend un hanneton soudanais (il a ceci de particulier qu'il salit les doigts dès qu'on le touche). On enveloppe l'insecte dans sept morceaux de linceul avec du laurier, *Tnaker Itfla* (ce sont des plantes), du Tukar (une terre jaune), la cervelle d'un rat, les poils d'un chat et d'un chien noirs, on attache le tout, qui est déposé sur le passage de l'individu visé. Quand celui auquel on destine le mal a marché dessus, on enfouit le paquet dans une vieille tombe au cimetière, en demandant que l'action se maintienne jusqu'au jour où la chose sera déterrée.

Un homme voulant séparer deux amis va demander des éclats de meule dans un moulin ; puis il cherche un chien mort depuis quelques jours et il l'apostrophe de cette façon : « Salut, toi qui es venu au monde sans qu'on se réjouisse et qui en es parti sans provoquer de pleurs. » Puis il soulève le chien et il prend un peu de terre sous lui. — Plus loin il ramasse des excréments humains déjà un peu secs, enfin il prend un peu d'eau du quartier des cordonniers et un peu d'eau du quartier des forgerons ; il délaie éclats de meule, terre, excréments et eau avec du goudron et il en fait un paquet dans du papier ; s'il sait que l'individu à isoler n'est pas à la maison, il dépose ce paquet sur son passage. En le foulant aux pieds, l'ensorcelé devient furieux et se prend de querelle avec son camarade, sa femme ou sa maîtresse. Si la victime est chez elle, l'ennemi enduit ses deux mains de cette pâte, il entre et serre la main aux gens qu'il veut séparer. — Ils se prennent immédiatement aux cheveux, puis ils se séparent fâchés...

L'auteur du sort ne doit pas rentrer directement chez lui, il doit aller en dehors de la ville afin de se laver, se parfumer avec des herbes et changer de linge ; car s'il ne se nettoyait pas bien, le sort retomberait sur lui.

Pour séparer deux époux ou deux amants. — On se procure des cheveux et des selles de la femme, on les grille sur un ustensile noir (un fond de casserole retournée, par exemple) en les agitant avec la plante appelée *Soukt Assanès* (épine malpropre) jusqu'à ce que le tout soit brûlé, on fait avaler cette cendre à l'homme ou à la femme, selon qu'on veut que ce soit l'un ou l'autre qui déteste. Mais, si l'on veut qu'ils se détestent mutuellement, on prend de la poudre du fusil d'un assassin, de celle dont il s'est servi pour tuer, on se procure de la poussière prise dans la babouche gauche de l'homme et de la femme, on dépose cette poussière à terre en mettant la poudre au milieu. On y met le feu au moyen d'une tige de laurier rougie au feu (1). Alors les saletés des babouches sautent en l'air, se dispersent et l'on dit : « De même que cette terre de babouches saute de tous côtés sans pouvoir se retrouver, je désire qu'un tel et une telle soient à jamais désunis! »

Bien entendu si un détail ou un mot d'invocation est oublié dans ces sorcelleries, le résultat n'est pas obtenu, c'est généralement la cause donnée de l'échec de ces recettes.

Remède contre les mauvais sorts. — La personne atteinte achète des grains de la plante aveugle, de l'alun, du soufre, un jeune caméléon, un œuf de cigogne, un poussin non encore éclos ; — il y a des gens qui vendent tout cela. — Elle tire du puits un seau d'eau en son nom et un autre au nom de sa mère, elle va hors de la ville, en compagnie du taleb et là on prend l'alun, la graine et le soufre qu'on met dans l'eau avec laquelle la malade se lave, puis on brûle sous elle le caméléon, l'œuf de cigogne et l'œuf contenant le poussin. Ensuite elle change de linge et met des vêtements neufs en disant : « De même que je jette ces vieux vêtements pour en prendre des neufs, je veux que les ennuis qui m'oppressent soient rejetés et remplacés par la

---

(1) Le laurier est employé dans les sorcelleries vindicatives à cause de son amertume.

gaieté et la satisfaction. » Elle doit rentrer chez elle par un autre chemin.

Mais pour détruire l'effet des sorts qui ont été enterrés, on prend du henné en feuilles chez sept nouvelles mariées, du *fouah* (composé de lavande, clous de girofle, roses, jacinthes, safran délayés dans du vin = c'est un produit qui se vend tout préparé pour parfumer les cheveux chez les Arabes et les Juives.) On choisit encore du henné gratté sur les mains de sept nouvelles mariées. Le taleb se rend à l'entrée de la mosquée du sultan pour mélanger ces différents produits, puis il revient chez la malade, et il ajoute encore à cette préparation du lait de deux sœurs du même père et de la même mère qui allaitent chacune une fille, du tapioca et du sel. Il mélange le tout et verse un peu de cette drogue au seuil de la demeure et sur le pas de chaque porte. — Il recueille ensuite dans un vase l'urine de tous les gens de la maison, il délaie dedans de la sandaraque et du soufre; et il répand cette sauce à chaque seuil et dans la rue, à droite et à gauche de chaque entrée en disant : « Que le mal soit arrêté, vint-il de droite ou de gauche ! »

Pour faire perdre un emploi à quelqu'un. — On va saluer un laurier dans la forêt ; avec un couteau on coupe le premier bout d'une tige qu'on laisse tomber puis on coupe le deuxième bout du côté de la racine ; on se procure une aiguille aveugle, on la pique au bout de la tige qu'on enterre à l'entrée de la porte de l'individu menacé, en disant : « Comme cette tige est piquée par cette aiguille, je veux qu'un tel se sente constamment piqué pour qu'il ne puisse rester dans la place où il se trouve. » On ne doit pas retourner par le même chemin qu'on a suivi pour venir jusqu'au seuil de la maison visée.

Comme remède, on s'adresse à un taleb qui ordonne de se procurer un verre d'eau de bain de femme qu'il place avant le lever du soleil sur une bouche d'égout ou de puits perdu ; il verse de l'huile autour de ce verre et, au lever du soleil, il reprend le verre en disant : « Comme tu as passé de la nuit au jour, je veux qu'un tel, fils d'une telle, se débarrasse du mal qui le tient et qu'il soit plus calme et plus stable.

Pour donner l'entérite chronique. — La personne qui veut jeter ce sort se rend au cimetière, elle déterre un cadavre ancien auquel elle enlève la côte qui est en face du cœur, elle prend encore sept pincées de terre dans sept tombes différentes, elle ramasse des œufs de fourmis, des morceaux de verre dans la rue, elle pile le tout et fait prendre à la victime quelques pincées de cette poudre.

L'homme ainsi empoisonné devient gâteux, il a des vomissements ainsi que des selles de sang et des glaires.

Pour guérir, le malade se procure des feuilles de caroubier, une plante *Taouserint* (analogue au genêt), il en fait une infusion de laquelle il prend plusieurs gobelets, après l'avoir passée à travers un linge ; il se promène, entre chaque verre, de cinq à dix minutes, ensuite il s'asseoit et, en se courbant, il provoque des vomissements en s'introduisant le doigt dans la gorge. Ce qu'il rend ressemble à l'écume du cheval. Il recommence cette opération pendant trois jours d'affilée. Ensuite il achète une marmite neuve dans laquelle il a-fait bouillir longuement trois paquets d'écorce de noyer. Pendant sept jours, tous les matins, il absorbe un verre de ce liquide, se met à la diète en ne mangeant ni viande, ni légumes, ni pain sec mais seulement du beurre, des œufs et du pain trempé dans du bouillon. Enfin, il se procure un œuf du Moor (1), il le pile et le délaie dans une bouteille d'eau de fleurs d'oranger qu'il agite avant de s'en servir et dont il prend trois petits verres par jour.

Pour faire dépérir. — La sorcière met une grenouille sous une cloche à cousscouss après lui avoir fait avaler le sang d'un corbeau, du vert de gris et un peu de cendres de peau de loup. Le batracien se met à cracher une sorte de bave qu'on recueille sur un morceau de papier; il reste sous l'appareil jusqu'à ce qu'il meure. — Avec cette écume, la sorcière mélange du sang de hibou et la

(1) Cet œuf du Moor est très employé en empirisme arabe, on le verra plus loin dans la partie médicale. Les Sahariens prétendent que c'est une larme de l'oiseau Moor qui tombe par terre et se transforme en caillou au bout de quarante jours. — C'est une gangue calcaire oviforme creuse et garnie de cristaux à l'intérieur. On la trouve dans les collines calcaires du Sahara et on la vend surtout à Marrakech.

plante qui bouleverse S'm'Kala : cette opération doit se faire la nuit dans quelque coin retiré très obscur. — Elle chargera quelqu'un de faire prendre ce mélange à la personne dont on veut se venger et dont les souffrances seront violentes : douleurs d'entrailles, inappétence, insomnie, vomissements, sang dans les selles ; le malade finit même par uriner du pus.

Pour empoisonner et faire mourir. — On prend un quart de verre de sang menstruel, la tête et les poumons brûlés d'un corbeau qu'on égorge, on y ajoute du *Rhaj* (pierre-poison jaune de la grosseur d'un pois) on concasse ce qui est solide et on dépose cette poudre dans le sang jusqu'à ce qu'elle soit complètement absorbée. On laisse sécher, on pulvérise et on fait prendre la poudre à la personne visée. — Les symptômes de cet empoisonnement sont la perte des poils et des cheveux ; apparaissent des points noirs sur la peau, des coliques violentes, inappétence, etc. Le mal est plus ou moins violent selon la dose du poison absorbé.

Remède contre l'empoisonnement. — On écrase des œufs avec la coquille dans de l'eau, on passe cette eau et on y mélange quantité égale de lait, on y ajoute de la sandaraque, des grains aveugles *Kronia el amïa*, ressemblant aux graines de lin ; le malade prend de cette potion pendant sept jours. La semaine suivante, il accompagne son thé du matin d'une poignée d'un cousscouss spécial fait avec de la semoule et des roses du Tafilet pilées (les feuilles de roses sont souvent employées comme purgatif, même en Turquie où on en fait des confitures). La semaine d'après, le patient déjeune chaque jour avec une bouillie de farine préparée avec une infusion passée de la plante *Azoukni* (vomitif). — Finalement il est conduit devant un moulin à eau où on le déshabille et on lui laisse tomber sur le dos en douche, sept fois, l'eau de la chute; après quoi le taleb qui le soigne brûle devant lui le placenta d'une ânesse qui vient d'avoir son premier né, la carapace d'une tortue, de l'écume de mer, la plante aveugle *Kronia el amïa* et une autre *Kronia* qui n'est pas aveugle, de l'alun à souder, de la sandaraque, un caméléon, du soufre, de la résine *Hentit*, le tout concassé. — Si le malade ne guérit pas, on use d'un vomitif plus énergique : infusion de la plante *Ounani Drar*, vomitif et contre-poison très réputé, alternativement avec une soupe de farine sans huile et sans sel destinée à guérir l'irritation des muqueuses. — Ce remède est à prendre une fois par semaine pendant trois semaines. — Et si l'empoisonné ne se remet toujours pas, on lui administre le vomitif le plus énergique qui existe : une infusion de bois de panama de tête de Fez ; mais, comme l'effet est très violent, on le soigne ensuite avec du petit lait.

Autre remède. — On déshabille et on couche le malade; le sorcier écrit un talisman qu'il place sous son oreiller afin de voir en rêve l'ennemi qui l'a empoisonné.

Le lendemain il rend compte au sorcier de ce qu'il a appris. Celui-ci lui fait des pointes de feu sur tout le crâne et sur toutes les articulations à l'aide d'une tige brûlante de la plante *Taouserhint*. — On peut aussi faire ces pointes de feu avec des crottes de chèvre qu'on place très chaudes dans les dépressions articulaires. — Puis il compose une pâte avec le *Tamtzir*, espèce de lavande et il applique une couche de cette pâte en forme de cataplasme sur les omoplates du malade, d'autres sur la poitrine, sous les aisselles, sur le dos, sous les cuisses, en attachant fortement le tout. On fait cela pendant sept jours ; le malade doit bien se couvrir afin de transpirer. Pendant les sept jours qui suivent, le malade doit prendre, chaque jour, une infusion de sandaraque, de soufre et de plante aveugle dans du lait. Enfin il se procure l'assortiment hétéroclite qu'on a vu employé plus haut : (carapace de tortue, placenta d'ânesse, etc.). Accompagné du taleb, il va au cimetière. Après s'être lavé et après avoir été fumigé, il change de linge sur une tombe.

Pour finir, on enferme hermétiquement dans une casserole neuve l'oiseau blanc *Khmâ*, semblable à l'oie, on place la casserole entre deux feux, jusqu'à ce que l'oiseau soit carbonisé, puis on le pile. Chaque jour le malade trempe trois doigts enduits de miel dans cette poudre et il les suce. — Afin de le remettre complètement, on égorge un petit chien qui n'a que quelques jours. Si le convalescent peut boire aussitôt tout le sang du chien, ce sera parfait ; sinon, on en fait un bouillon qu'il doit absorber. — Le petit chien est un excellent contre-poison.

Pour se venger de quelqu'un. — Dans la dernière quinzaine du mois, il se procure un renard qu'il égorge dans l'obscurité complète. Il en prend le cœur, les poumons et l'estomac et il se procure un morceau de vêtement ou de la terre de la babouche de l'individu acheté. Ensuite il assemble les excréments d'un chien et d'un chat noirs, d'un hibou, d'une hirondelle et d'un corbeau ; il délaie le tout avec une branche de laurier (à cause de l'amertume) ; il saupoudre le cœur, les poumons et l'estomac avec ce mélange. Il en fait un paquet qu'il porte au four et prie le fournier de l'attacher au mur extérieur contre lequel se trouve le feu. En égorgeant le renard, il dit : « O toi qui es le plus rusé de tous les animaux et qui m'as donné tant de peine pour te prendre, je veux qu'un tel, fils d'une telle, soit pris comme tu l'as été, que les gens le fuient, qu'il perde sa situation et qu'il soit détesté de tout le monde. » Et il ajoute : « Comme le corbeau est blanc en venant au monde (dans l'œuf) et devient noir ensuite, je veux que l'avenir de cet homme devienne aussi noir. » Pendant tout le temps que le paquet restera accroché au mur du four, l'homme sera toujours haï. Si on veut s'en débarrasser complètement, c'est à dire le faire mourir, on place le paquet dans le four même au dessus du feu jusqu'à ce qu'il se consume : et l'homme mourra lentement.

Remède contre l'ensorcellement. — L'ensorcelé achète une poule noire, lui donne à manger du tapioca et à boire de l'eau de henné. Ensuite il va aux abattoirs, synagogues, fours, cimetières ; là, il brûle de l'huile à toutes les tombes et adresse des prières aux morts pour lui faciliter ses recherches ; puis, en toutes les fontaines en ville et en dehors de la ville, il jette un cousscouss de semoule avec sucre et henné ; il ramasse une pierre de chaque rue de la ville sur laquelle il écrit le nom de la rue. — En visitant tous ces lieux, il invoque les noms de tous les diables et il les prie de venir à son aide, de lui dire s'il est ensorcelé, si c'est une punition de Dieu ou si ce sont les diables qui se vengent de lui. Il achète du *Fouâh*. Puis il prend une soucoupe à carmin, une coquille où l'on met habituellement du noir végétal à sourcils, du kohl, il achète au Soukh des grains un peu de toutes les sortes de semences ; au moulin un peu de farine qui tombe des meules : on ajoute à cette farine de l'huile, du sucre et quelques cheveux du malade. A minuit, il égorge la poule et fait égoutter son sang sur toutes ces matières, excepté sur les pierres ; le matin, à 9 heures, il les recueille et va les distribuer aux endroits déjà visités la veille, invitant les diables à l'aider. Ensuite il baigne la poule égorgée, il brûle pour elle coriandre, benjoin et mastic, il l'enveloppe dans une étoffe neuve, la place sous son chevet et se couche sur son côté droit. Il dit à la poule : « Toi que tout le monde nomme poule, je veux te donner le nom de ma mère ou de ma sœur en te priant de m'aider dans mes recherches. » S'il fait des rêves, il les raconte le lendemain au taleb ; sinon il recommence tout ce qui a été dit trois fois de suite le mercredi. Après le dernier mercredi il se procure placenta d'ânesse, carapace de tortue, écume de mer, les grains de kronia aveugle, alun, sandaraque, soufre, caméléon, sabot d'âne, excréments d'oiseaux et de toutes sortes d'animaux (chacal, renard, etc., qu'on trouve chez les marchands spéciaux). Il va à sept sources différentes sans parler ; il y puise de l'eau et en remplit une cruche, il y mélange le lait de deux sœurs nourrices et un peu de leur henné ; il se procure le ruban d'une tresse d'une jeune fille et l'attache au goulot de la gargoulette ; puis il se rend à un fleuve, ayant plusieurs affluents. Il en rapporte une pierre en priant les diables de cette eau courante de lui dire si le sort qu'on lui a jeté n'est pas dans la mer où il aurait été emporté par le fleuve. Accompagné du taleb, il va, au dehors de la ville avec ses provisions, il chauffe l'eau de la gargoulette et s'en lave le corps, il change de linge et de vêtements ; le taleb brûle au-dessous de lui tout ce qu'il s'est procuré. Ensuite il se lave de nouveau avec de l'eau dans laquelle il a éteint les pierres qu'il a chauffées au rouge, il change encore de vêtements, reprend un chemin différent et rentre chez lui, après avoir jeté dans une rivière le réchaud où tout a été brûlé, en disant : « Mon mal ne reviendra que lorsque la source de cette rivière deviendra l'embouchure et réciproquement. » Il met à son cou le sachet contenant tout ce qui annule la sorcellerie (nous l'avons vu précédemment). Il se procure ensuite une huppe vivante sans aucune trace de blessure, il l'égorge pendant la pleine lune avec une écorce de roseau ; puis, repliant la tête entre les ailes, il la place sous son aisselle droite jusqu'à ce qu'elle meure, il la présente le matin au soleil, le soir à la lune, pendant trois jours, après lui avoir ouvert le corps de la gorge à la queue et y avoir introduit : sucre, miel, alun, mastic, camphre, ambre, musc, *El ralia* (pâte que les Arabes mettent dans leurs vêtements pour les parfumer), *Atter* (parfum liquide) et un peu de sel gemme ; le tout mélangé et pilé. — On sale à part le cœur de l'oiseau avec l'herbe *Clô*, les plantes *Sakta ou Meskouta*, *Ben n'sèr*, *n'hallia* (la victorieuse), *El Maghlouba* (la vaincue), la fleur de soleil, les petites graines de *Skrau* (belladone), la terre de sept portes. En ramassant cette poussière, il dit : « Je désire être toujours présent, connu de tous ceux qui passent par ces portes. » Puis un vendredi, pendant que le sultan se rend à la mosquée, il se procure un peu de terre sur laquelle il a passé. Dans tous les marchés il enlève également de la terre sous l'article qui s'est le mieux vendu ; il va encore dans un jardin d'où il rapporte une feuille de chaque arbre.

Il mêle le tout, le pile, en garnit le cœur de la huppe, ainsi que des herbes précédentes. Dans le bec de la huppe il glisse un corail, incruste une perle dans chaque œil ; il lui recoud le corps avec une aiguille en or, après y avoir replacé le cœur. Il enveloppe l'oiseau dans sept étoffes de couleur différente et il le porte continuellement sous son aisselle droite en disant (à propos du sultan) : « Comme une seule tête est écoutée par tout le monde, je désire que ma parole triomphe partout où elle est entendue (1). »

Toujours la vengeance. Sorcellerie sans remède. — On prend un œuf de poule vidé qu'on remplit de vert de gris, quatorze grains de poivre, un os de mort pulvérisé, de la terre de sept portes différentes de la ville, des excréments tirés des intestins d'animaux tués aux abattoirs, le tout broyé : on ferme l'œuf avec une pâte de farine. — En ramassant la terre aux portes, on prie les diables cruels de venir en aide pour tout ce qu'on va entreprendre ; on prononce les mêmes paroles dans le soukh aux grains, d'où on rapporte de l'orge. Ensuite on prépare un couscouss et on le fait cuire en enfonçant l'œuf au milieu de la semoule. Lorsque la cuisson est

(1) Quand on porte sur soi une huppe (à laquelle on compare le sultan, parce que c'est le plus bel oiseau, le plus respecté, le plus en vue de tous les oiseaux au Maroc) et, si l'on est ainsi préparé, on a ses entrées au Dar Maghzen, on jouit de la considération de tous, on réussit tout ce que l'on entreprend. Aussi, lorsque quelqu'un réussit ou s'élève au Maghzen, on dit qu'il porte sur lui une huppe ainsi préparée. — Beaucoup de gens d'affaires en situation portent constamment la huppe. — Exemple : Si Aïssa ben Omar fait prisonnier à Marrakech : une sorcière juive lui fit parvenir une huppe préparée et il fut mis en liberté. Depuis il porte constamment cet oiseau sur lui.

terminée, on retire l'œuf et on l'enfouit pendant sept jours dans un tas d'ordures. On mélange au cousscouss du henné, de l'orge, de la myrthe, un petit miroir réduit en poudre et on dépose un peu de ce mets savoureux à chaque porte d'où l'on a enlevé de la terre en commençant par la dernière. — Il suffit de glisser un peu du contenu de l'œuf dans les aliments appartenant à celui de qui on veut se venger. — Ceux qui mangent de cette poudre deviennent sourds, ils ont de la diarrhée, des coliques, des vomissements continuels, des douleurs dans les membres ; leurs yeux deviennent hagards, et ils seront pendant toute leur vie de mauvaise humeur.

Les effets de cette sorcellerie sont sans remèdes.

Envoûtements

Les envoûtements se font avec des dessins de personnages sur du papier ou avec de petites statuettes, dans le but de provoquer une maladie chez quelqu'un ou de lui faire arriver un malheur.

Afin de donner le mal de tête, par exemple, on modèle une statuette en pâte de farine et on lui enfonce un clou dans le crâne avant de la mettre au four. — Il faut enfermer dans le corps de l'effigie un morceau de linge ou de vêtement de l'être que l'on vise. — Si on veut qu'il se casse un bras ou une jambe, on arrache ce membre à la statuette avant la cuisson. — Pour faire souffrir continuellement la victime, on prend l'effigie au sortir du eu et on la pile pendant tout un jour à coups de marteau sur une enclume en répétant souvent : « De même que le marteau ne cesse de frapper sur cette enclume pendant tout ce jour, que le malheur poursuive un tel pendant toute sa vie ! »

Pour les images en papier on s'y prend de même : clou ou épingle dans la tête, déchirure d'un membre, etc., etc. — Pour faire souffrir pendant toute la vie, on enterre ce dessin dans le cimetière, à l'abattoir, dans un four, dans un puits, etc. — Lorsque le papier a été enseveli dans le lit d'une rivière, la victime a continuellement des frissons glacés, tandis que celui dont l'effigie est enterrée dans un four est toujours en colère, « bouillant ». L'envoûté dont l'image a été mise en terre simplement, sans être frappée ni percée, fond et dépérit tous les jours.

Pour les statuettes, il suffit d'une sorcière qui les modèle et indique à celui qui veut nuire la formule d'incantation, mais, pour les papiers, il faut que ce soit un taleb qui dessine le portrait de la victime et lui écrive des phrases cabalistiques sur le corps et sur les membres.

« L'envoûtement est le crime des crimes, dit le docteur Johannès, on évite la force brutale, de même que la force mentale de la persuasion pour employer la force mystique invisible. » — La science des clavicules et des kabbales donne le secret de l'envoûtement (1). —

---

(1) Voir dans *le Satanisme et la Magie*, de Jules Bois, préface de J.-K. Huysmans, les détails et l'historique de l'envoûtement depuis les temps préhistoriques jusqu'à nos jours.

L'envoûtement est l'enveloppement d'une volonté par une autre volonté, c'est ce que le peuple appelle « tenir par le sang »; pouvoir du *plus fort en sang* qui, dans une famille, dominera ses parents. Le sorcier agit à l'égard de l'envoûté de même que l'oiseau de proie qui plane et enroule sa victime de cercles de plus en plus étroits, c'est l'emprisonnement mystique d'une âme cernée dans un cercle magique, c'est la conquête d'une volonté d'abord, puis le transfert de cette volonté au bagne assigné par le sorcier. — A cela président des lois subtiles d'affinité, de concordance. Telle est l'opinion accréditée.

La statuette est de rite relativement récent; plus anciennement, on opérait sur des bêtes ou sur des gens. — Cependant la *clavicule* indique une formule en piquant la statuette pour l'incantation d'amour: « Ce n'est pas toi que je perce, c'est le cœur, les sens, l'âme, les membres de N***, afin qu'il ne puisse rien avant de venir accomplir mon dessein. » — Elle indique la pomme comme l'agent qui se prête le mieux au rôle de truchement érotique — Rappel de la tentation d'Adam et d'Ève. — On y trouve aussi le moyen d'obliger une personne très lointaine à tout quitter pour revenir.

On charge la statuette de menus objets ayant appartenu à l'envoûté et alors tous les maux, toutes les tortures dont on accable la statuette seront ressentis par l'envoûté qui se plaindra, dépérira, s'éteindra. — Le docteur Luys et M. de Rochas ont pratiqué l'envoûtement et croient à son efficacité. Les sorciers de Bretagne pratiquent aussi l'envoûtement et c'est surtout sur le cœur qu'ils agissent.

L'envoûtement traditionnel, celui de la Dagyde, avec sa poupée de cire, sa *mumie*, consiste à pétrir avec de la cire vierge une ressemblance de l'ennemi, puis à l'habiller avec des étoffes portées par la victime et, autant que possible, à introduire dans cette statuette un peu de cheveux, un peu des ongles, une dent. — On suppose que les rognures du corps (dents, cheveux, ongles) ainsi que les vêtements portés ont gardé de l'énergie vitale de leur possesseur, qui, de cette façon, sera relié par d'impalpables filaments de vie, par des attractions fluidiques à son effigie, désormais imprégnée de lui-même.

Rite noir, qui compte que la sensibilité de l'individu est liée aux objets portés par lui et dont on a enveloppé son symbole en figurine. — Une fois les affinités établies, on appelle, on conjure les esprits de destruction, de haine, et de discorde pour accomplir le maléfice et la torture commence avec l'appui des formules barbares et des signes absurdes des grimoires. — Paracelse parle des figures tracées au dessin, sur un mur, par exemple, à la ressemblance d'un homme et il est convaincu que l'esprit du modèle passe dans cette image et que l'homme ressentira tous les coups portés...

Pour Jules Bois, l'envoûtement serait du magnétisme ritualisé, cérémonie magique pour agir à distance par une exécration mystérieuse (1). — Bien plus que les objets imprégnés des énergies de la victime, il faut, je pense, pour que l'opération réussisse, un contact entre l'envoûteur et l'envoûté, ou que l'envoûté crédule soit averti d'une façon détournée afin que son esprit s'inquiète, qu'il vive avec l'obsession précise du mal qu'on lui destine, et alors s'auto-suggestionnant, il pourra arriver à être réellement victime : lorsqu'on prévient la personne visée par l'envoûtement, personne superstitieuse, l'inquiétude commence à travailler sa pensée confusément d'abord; la prévision du danger, la terreur de l'inconnu menaçant pèse sur elle ; quoi qu'elle fasse pour se soustraire à cette emprise, elle est bouleversée.

La suggestion sera d'autant plus efficace, dominante, despotique que l'intellectualité est plus faible, plus passive, l'esprit plus tendu vers la crédulité et l'absurde. Et ces âmes veules, flottantes, craintives, ces vouloirs sans consistance sont une proie tout indiquée : les Arabes sont obsédés par la peur, peur des diables comme le démontre leur *Bismillah* superstitieux ; peur traditionnelle introduite dans les moindres actes de la vie journalière. — Le Marocain ajoute *Bismillah* au nom de Dieu après chaque

---

(1) L'auteur du *Satanisme et la Magie*, M. Jules Bois, propose d'autres explications encore et il laisse en suspens la question d'efficacité. Il croit, comme Léonora Galigaï, surtout à la domination d'une volonté ferme sur des intelligences moins décidées. Il reste ainsi d'accord avec l'auteur de ce livre pour l'action de cet « envoûtement » naturel, le plus certain de tous.

phrase admirative et murmure le même vocable à l'occasion de la plus minime occupation, telle que prendre une poignée de riz ou de lentilles, puiser dans la jarre d'huile (= Que le Tout-Puissant empêche le malin de dilapider!) Il répétera *Bismillah* en jetant des ordures au fumier, de même au bain, au puits, à la fosse d'aisances — habitation de diables —, afin que Dieu protège l'intrus.

Ceux qui croient être possédés traînent parfois une vie lamentable, ils souffrent et déchoient; c'est une lente épouvante qui trouble et qui affole, les hallucinations s'en mêlent... On sait comment la peur brouille le jugement, surtout quand celui-ci est limité par le formidable enchevêtrement des superstitions qui l'enveloppent...

Quand la nuit couvre la terre pour inviter les hommes au repos, c'est aussi le moment où les pensées inquiètes roulent dans le tourbillon des chimères et des terreurs, dans l'immobilité et le silence, tout s'anime, palpite et murmure : des choses imprécises grouillent, des souffles inquiétants passent, des bruits vagues se croisent, tout le surnaturel et l'occulte entrent en mouvement; la raison cède, anéantie par les visions hallucinatoires, les cauchemars éveillés, les mystérieuses Puissances de la nuit, les folles angoisses; l'ombre se peuple de dangers; les proportions de tout : relief, bruit, mouvements, s'exagèrent : l'agonie morale n'est pas loin de l'agonie physique... Pas de fées bienfaisantes, pas de génies propices, toutes les forces obscures sont liguées pour le mal avec les ennemis complices.

Paracelse lui-même avait entrevu l'auto-suggestion lorsqu'il disait en analysant l'arcane d'envoûtement : « Ce n'est pas ton corps qui reçoit cette blessure quand bien même elle serait palpable et visible sur ton corps ; ce stigmate est produit par ton esprit qui a sous ses ordres ton corps et tes membres. »

Suggestion, télépathie, magnétisme, il n'est pas moins vrai que des résultats ont pu être constatés pour qu'on continue. — Quant à l'infusion des fluides humains dans une effigie, l'emprisonnement de l'âme, malgré les expériences de Luys à la Salpêtrière sur « le transfert », c'est de la pure hystérie, de la suggestion, de l'hypnotisme. Il faut un sujet préparé et réduit à une passivité absolue, ce qui n'est pas le cas de l'envoûtement prudent, à distance, sur un sujet quelconque. Nous sommes loin du sortilège.

La peur du maléfice est de tous les âges et de tous les pays : La loi des Douze Tables voue à l'exécration l'envoûteur. Les Chananéens, puis les Gallates ensorcellent. Saint Augustin croit aux sorciers qui « peuvent tuer ou guérir par suggestion du diable ». Le pape Jean XXII d'Avignon déclare qu'il a été envoûté avec des figurines piquées et avec des incantations magiques accompagnées d'évocations de démons. L'empereur Constance voue au bûcher ceux qui « de loin font mourir leurs ennemis ». De Charlemagne jusqu'à Louis XIV on s'acharne contre les sorciers. — On se rappelle les malheurs d'Enguerrand de Marigny, de Robert d'Artois, de la duchesse de Glocester ; puis les envoûtements perpétrés de complicité par Catherine de Médicis et Côme Ruggieri, ceux dirigés contre Henri III par des prêtres ligueurs, ceux de la Maréchale d'Ancre, Léonora Galigaï brûlée vive pour avoir « gehenné plusieurs personnes de la cour avec des boulettes de cire ». — On envoûte par des cœurs de mouton enterrés au cimetière, par des gants, des statuettes.

Au xvii° siècle, les vénéfices, messes noires et envoûtements de la Brinvilliers et de la Voisin. — Au xviii° siècle, Voltaire et les Encyclopédistes ont beau mener la guerre du scepticisme contre les superstitions, le satanisme fermente encore : Envoûtements et magie. Cagliostro et compagnie.

Le xix° siècle, où l'on croit encore aux miracles, a retrouvé l'envoûtement dont quelques exemples furent fameux, telle l'aventure étrange du berger Thorel vers 1850. Bien plus près de nous, les envoûtements du comte de Lautrec et les mésaventures du docteur Johannès.

On raconte qu'au xviii° siècle les Illinois pratiquaient l'incantation sur des « marmousets ». — Aux îles Marquises, on opère sur des feuilles dans lesquelles on a enfermé de la salive de la victime ; de même à Bornéo, en Chine, on envoûte des statuettes de cire ou de terre qu'on expose à un feu permanent pour donner la fièvre et faire périr de langueur, ou qu'on enterre dans les maisons ou dans les tombes.

L'envoûtement fut connu et pratiqué dans le paganisme : l'ancienne Grèce ordonnait la mort des enchanteurs de figures de cire; Hécate était la déesse des envoûteurs ; Médée, par ses incantations, faisait descendre la lune (pâte lunaire). Les maléfices d'amour continuent après le christianisme, particulièrement au moyen âge. Ils consistaient surtout dans le *nouement de l'aiguillette*, afin d'enchaîner le démon de la chair chez le légitime époux, ôter la puissance d'engendrer, éteindre en une personne l'amour ou paralyser ses forces nerveuses. Les anciens nouaient *les liens de Vénus*, saint Augustin, Jean Chrysostome, Jérôme parlent des *ligatures*.

Chez les Latins, on noue aussi des rubans pour attacher le cœur du désiré. Ou bien, on confectionne une statuette de cire et une d'argile à l'image du bien aimé : on les met toutes deux sur un brasier, l'une durcit, l'autre fond et l'on dit : « Qu'il en soit de même de mon amoureux; qu'il soit insensible et dur pour celles qui le tentent, qu'il soit doux, faible et ruisselant dans mes bras (1). » — Ou encore pour le ramener on fait un paquet de cheveux, de vêtements, d'objets venant de lui, on l'introduit dans le ventre d'un lézard et on enfouit le tout sous le seuil de la porte du désiré.

Théocrite et Virgile parlent de l'incantation d'amour, ils en célèbrent les moyens et les effets; on parvient à

---

(1) Traduction de Jules Bois, dans *le Monde Invisible* : Ce livre complète et continue *le Satanisme et la Magie*, du même auteur.

faire venir la personne désirée dans sa couche. Les philtres ne sont pas toujours d'une délicatesse bien pure, car ils sont composés d'éléments douteux compliqués et peu appétissants.

Une recette de la Brinvilliers : « Jetez dans le feu un fagot avec encens et alun et dites : Fagot, je te brûle, c'est le cœur, le corps, le sang, l'entendement, le mouvement, l'esprit de X*** ; qu'il ne puisse demeurer en repos, rester en place, parler, monter à cheval, boire ou manger, avant qu'il ne soit venu accomplir mon désir. »

Dégoutantes pratiques déjà employées par la Montespan afin de gagner le cœur de Louis XIV : *pâte conjuratoire*, innommable potion de ruts masculin et féminin, de sang menstruel et de farine qu'on fait prendre au monarque pour grandir sa royale concupiscence.

Dans *Là-Bas*, Huymans nous initie aux recettes modernes de l'envoûtement. Le chanoine Docre opère sur des souris blanches. — De même on prépare encore des mets vénéfiques qui sont d'horribles mélanges de poisons, d'humeurs vivantes et d'aliments. — Ou bien, on désincarne l'esprit d'un médium qu'on charge d'aller frapper la victime désignée. — Parfois on avise la personne qu'elle sera frappée de telle façon, à telle date. On a même inventé pour se défendre un *téléphone astral* qui résonne à la première alerte d'un fluide d'envoûtement qui passe.

Encensoirs, rituels, réchauds où rissolent et brûlent le poison, les encens, les solanées du sabbat (belladone, aconit, jusquiame) et aussi la rue et la sabine qui soulagent, avant terme, des enfantements.

Absurdes mariages entre la terre et l'obscène démon mâle ou femelle ; l'antiquité leur attribuait les monstres que certains peuples massacraient, que d'autres vénéraient comme produits de miracles. — La fausse couche passa longtemps pour satanique. — La fécondation diabolique est expliquée comme possible par le père Valladier, confesseur de Marie de Médicis ; il considérait que les vierges en peuvent être victimes sans s'en apercevoir autrement que comme d'un rêve ou d'une illusion nocturne. — On connaît l'histoire de ces religieuses, rapportée par Johannès, docteur en théologie, qui étaient chevauchées plusieurs jours, sans arrêt ni trêve par des incubes. (Les incubes sont des démons masculins qui se réunissent aux femmes, les succubes, des démons féminins, qui tenaillent jusqu'à la volupté les nerfs masculins devenus passifs.)

Le rêve offre des étreintes, des illusions érotiques, qui, pour les crédules, ne peuvent venir que du diable, quand ce sont de simples protestations de la nature méprisée ou des exacerbations d'hystérie.

A cela près que le cousscouss remplace au Maroc les gâteaux ordinaires de la sorcellerie, ces pestilences psychiques sont donc de rite universel.

NOTES DE L'AUTEUR ET DU COMMENTATEUR

I. L'École philosophique d'Alexandrie, fondée au iiᵉ siècle, était une fusion de la philosophie hellénique, idéaliste et réaliste, avec la philosophie orientale faite d'ascétisme hindou et de mysticisme juif. Il en résulta le néo-platonisme ou éclectisme, précurseur de la philosophie arabe.

Ensuite c'est grâce aux traductions arabes et aux adaptations et commentaires arabes d'Aristote que l'Europe du Moyen Age connut le maître grec et adopta son système scolastique.

L'esprit d'Aristote a continué de présider à la scolastique arabe jusqu'à nos jours et le péripatétisme du sage de Stagyre, sa logique, sa théorie du « juste milieu » sont encore en vigueur dans les grandes écoles arabes modernes du Caire, de Tunis, de Bagdad et de Fez.

C'est donc le dogmatisme qui est la base de la métaphysique arabe ; mais il se complète et se complique d'empirisme.

II. Est-ce que notre idée de l'immortalité de l'âme ne vient pas de la mémoire que nous gardons des âmes de ceux qui nous sont chers ? Cette pérennité n'est-elle pas seulement dans le cerveau de ceux qui restent ? — Pour ceux qui ont le culte délicat du souvenir des êtres qu'ils aimèrent, il y a une sorte de prestige de la tombe qui donne aux âmes hautes une certaine noblesse en soi, de telle sorte que les morts dans une certaine mesure gouvernent les vivants, non pas par eux-mêmes, mais par la mémoire que les vivants ont gardé d'eux et qui est pour eux à la fois un talisman, un guide, une conscience. Souvenir divinisé intimement de ceux qui ne sont plus, ange gardien, inspirateur du bien, du bon, du juste ; dévotion du souvenir qui garde, qui protège, qui est une pudeur, qui moralise, tempère et modère, inspire et conseille. Providence discrète, intime, exquise, qui détourne de l'égoïsme et inspire la bonté.

III. Les savants qui ont écrit sur la Cabale sont si partagés sur son origine, qu'il est impossible de tirer aucune lumière de leurs récits.

Certains parmi les Juifs ont prétendu que l'ange Raziel, précepteur d'Adam, lui avait donné un livre contenant la science céleste, *la Cabale*, et, qu'après le lui avoir repris lorsqu'il fut chassé du jardin d'Eden, il le lui avait rendu, se laissant fléchir par ses supplications.

D'autres disent qu'Adam ne reçut ce livre qu'après son péché comme une puissante consolation dans sa chute, car il lui donnait la connaissance de tous les secrets de la nature, la puissance de parler avec le soleil et avec la lune, de commander aux esprits bons et mauvais, d'interpréter les prodiges et les songes et de prédire l'avenir.

Les uns et les autres ajoutent que ce fut ce livre qui donna à Salomon la vertu de bâtir le temple par le moyen du ver Zamir, sans se servir d'aucun instrument de fer.

Quoi qu'il en soit de ces contes absurdes et puérils, de ces extravagances de l'imagination orientale, il n'est pas douteux que les Juifs n'aient eu, dès la plus haute antiquité, une science secrète et mystérieuse dont les prophètes furent les dépositaires.

La Cabale se divise en contemplation et en pratique : la première est la science d'expliquer l'Écriture Sainte conformément à la tradition secrète; la seconde apprend à opérer des prodiges par une application artificielle des paroles et des sentences de l'Écriture Sainte et par de savantes combinaisons. — Les cabalistes praticiens prétendent aussi que l'arrangement de certains mots dans un ordre déterminé produit des effets miraculeux.

La philosophie cabalistique ne commença à paraître en Palestine que lorsque les Esséniens eurent formé une secte philosophique. Ce fut Siméon Schatachides qui apporta d'Égypte la Cabale et qui l'introduisit dans la Judée.

IV. Les talebs marocains emploient beaucoup en sorcellerie, une coquille fossile bivalve appelée *Tazrout* (en chleuh = pierre) qu'on trouve par bancs sur la montagne d'Agadir. Pour qu'il ait toute sa valeur, son efficacité, le sorcier doit porter ce coquillage en pèlerinage au Marabout de Sidi Brahim ou Ali (en chleuh *ou* est employé pour Ouled = fils de), dans la tribu indépendante des *Ida ou Tanam*, du côté d'Agadir et présenter une offrande au saint. Après quoi le sorcier lui fait confectionner une boîte spéciale, une *chambre* où il tient enfermé son tazrout qu'il *nourrit* surtout avec du sucre. Pour le faire parler, le sorcier sort le fossile de sa boîte, le porte à son oreille et le consultant il entend une sorte de murmure qu'il traduit à sa façon pour son client qui consulte à propos de maladie, de trésor, etc. Généralement, le tazrout indique le sacrifice d'un mouton, d'une poule à un saint quelconque, ou bien il dicte le détail d'une recette.

Cette coquille fossile bivalve, considérée d'une certaine manière, offre l'illusion vague d'un visage : la charnière et la petite barette transversale qui la termine représentent le nez et la bouche, les deux orifices d'insertion des muscles de la valve marquent les yeux.

V. Le Satanisme ne s'est jamais interrompu depuis le Moyen Age : agissements démoniaques des Valois, sans omettre les milliers de nécromans et de sorciers que firent brûler les Inquisiteurs.

Au XVIIe siècle, la Messe Noire sévit sous le Grand Roi, avec le moine Guibourg célébrant les offices sur le ventre ou sur la croupe de Mesdames de Montespan, d'Argenson et autres « honnêtes dames », avec un rituel atroce de meurtres, de crimes et de lubricité : la messe du sperme où le sacrifice était constitué par les espèces de poudre d'enfant brûlé au four et de sang d'enfant égorgé.

On fabriquait les pâtes conjuratoires avec du sang menstruel, de la semence virile, de la poudre de sang et de la farine.

VI. Consulter pour les pratiques satanique usitées au Moyen Age et leur survivance de nos jours : *Le Satanisme et la Magie*, *Le Monde invisible*, *L'Au-delà et les forces inconnues*, de M. JULES BOIS.

VII. Sur le Maroc, le lecteur pourra encore consulter avec fruit les travaux de M. Aug. Mouliéras, chargé d'une mission scientifique au Maroc par le Ministère de l'Instruction Publique : *Le Maroc inconnu*, 2 vol. in-8 avec cartes (32 francs); *Une Tribu anti-musulmane au Maroc (les Zkara)*, un vol. in-8, avec carte et photographies (12 francs); *Fez*, un vol. in-12, avec des photographies (6 francs).

TABLE DES MATIÈRES

	Pages.
Lettre de M. P. Mauchamp à M. Jules Bois	1
Discours prononcé par M. Jules Bois sur la tombe du Dr Mauchamp	5
Émile Mauchamp et la Sorcellerie au Maroc	11
INTRODUCTION. — Les raisons humanitaires de l'intervention européenne au Maroc. — Psychologie du Marocain : l'Arabe, le Juif. — Mentalité générale. — Religiosité. — Superstition. — Diablerie	69
Au Lecteur	103
I. — Mariage. — Divorce. — Accouchement. — Nouveau-né. Relevailles. — Circoncision. — Mort et funérailles.	
Mariage	107
Puberté	111
Ménopause	113
Accouchement et relevailles	113
Usages à respecter pendant la grossesse (hermaphrodites, monstres, difformités, jumeaux)	120
Nouveaux-nés	122
Nourrices	124
Circoncision	126
Mort et funérailles	126

	Pages.
Polygamie	132
Divorce	132

II. — *Coutumes se rapportant aux différentes circonstances de la vie sociale et de l'existence des individus.*

Soins du corps. — Système pileux	135
Pâtes épilatoires	136
Teintures et fards	138
Khol	139
Parfums	141
Tatouages	141
Porte-bonheur et porte-malheur. — Présages. — Euphémismes	142
Oracles	147
Présages se rapportant aux jours de la semaine	148
Vœux	148
Poudres pacifiantes	149
Pour se moquer de quelqu'un	149
Euphémismes	149
Mentalité. — Croyances, préjugés, superstitions, phénomènes météorologiques	150
Histoire racontée par un taleb	150
Œuf de coq (El Kimia)	151
Feux-follets	151
Chiromancie	152
Tremblements de terre	152
Éclipses	153
Revenants et fantômes	154
Immortalité de l'âme	156
Rêves et cauchemars. — Somnambulisme. — Soporifiques	157
Théorie du rêve	157
Invocation pour voir l'avenir en rêve	158
Signification des rêves	159
Le somnambulisme	163

TABLE DES MATIÈRES

Pages.

Contre les cauchemars........................... 163
Soporifiques 164

III. — *Mendicité et misère. — Vices et prostitution.*

Mendicité et misère............................. 165
Vices et prostitution........................... 166

IV. — *Lois. — Religion. — Sectes. — Saints.*

Lois 171
Religion 171
Sectes.. 172
Sectes de jongleurs et de guérisseurs........... 173
Tribus 176
Saints et pèlerinages........................... 177

V. — *Les Diables.*

Ce que sont les Diables......................... 187
Origine des diables............................. 192
Satan (Setan ou Chitane)........................ 195
Malach-Amavet (ou Sidna Azraïn) 196
Les Djinn....................................... 197
Brelt-el-K'bour 197
La Massia....................................... 197
La Taba... 198
Autres démons................................... 198
Pour voir les diables........................... 199
Pour faire sortir les diables du corps d'un malade..... 199

VI. — *Le Sorcier.*

Du rôle des sorciers............................ 201
Désignation graphique des prophètes influents en occultisme 208
Pour devenir sorcier............................ 209
Pour devenir sorcière........................... 210
Sorciers réputés................................ 211

TABLE DES MATIÈRES

Pages.

VII. — *Sorcellerie défensive.* — *Philtres et envoûtements pour l'amitié, l'amour, la domination.*

    La Sorcellerie défensive.......................... 213
    Le mauvais œil................................... 214
    Amulettes et précautions à prendre contre le mauvais œil.. 217
    Avortements. — Morts-nés........................ 219
    Sorcellerie banale de femmes, sans sorcier........... 225
    Le peigne à carder............................... 226
    Mauvaise chance................................. 227
    Moyens d'attirance. Le Soukh..................... 230
    Pour soumettre une tribu......................... 240
    Brouille d'amants................................ 243
    Autour de l'amour............................... 245
    Amulette pour l'amour........................... 251
    Sorcellerie à l'usage de la femme adultère qui veut aveugler son mari trompé......................... 251
    Remède contre cet envoûtement.................... 252

VIII. — *Sorcellerie agressive.* — *Procédés d'envoûtement, d'écritures, d'occultisme.*

    La pâte lunaire................................... 255
    Usage de la pâte lunaire.......................... 257
    Pour rendre impuissant........................... 258
    Remède contre l'impuissance...................... 260
    Stérilité. — Fécondité. — Moyens pour empêcher de produire la conception........................... 262
    Stérilité sans remède............................. 264
    Fécondité....................................... 266
    Pour avoir des filles.............................. 266
    Pour avoir des garçons........................... 266
    Pour faire tomber les cheveux..................... 268
    Pour faire tomber les dents....................... 269
    Pour donner la lèpre............................. 269
    Pour empêcher d'uriner........................... 270

	Pages
Pour communiquer la syphilis	271
Pour donner des hémorragies et des pertes blanches	274
Pour donner la fièvre puerpérale. Vengeance de femme	274
Pour rendre fou	277
Pour rendre paralytique	278
Pour faire haïr (noircir)	279
Remède contre les mauvais sorts	281
Pour faire perdre un emploi à quelqu'un	282
Pour donner l'entérite chronique	283
Pour faire dépérir	284
Pour empoisonner et faire mourir	285
Remèdes contre l'empoisonnement	285
Pour se venger de quelqu'un	288
Remède contre l'ensorcellement	289
Toujours la vengeance. — Sorcellerie sans remède	292
Envoûtement	293

Notes de l'auteur et du commentateur 304

Table des matières 309

Table des illustrations 314

TABLE DES ILLUSTRATIONS

	Pages
Portrait du Dr Mauchamp.....................	frontispice
Fac-simile du manuscrit original taché du sang de l'auteur. Vis-à-vis la page	16
Le Dr Mauchamp à Marrakech — —	32
La Colonie française de Marrakech — —	48
L'impasse devant la maison du Dr Mauchamp. Vis-à-vis la page	48
La porte de la maison du Dr Mauchamp après le pillage. Vis-à-vis la page	64
Le jardin du Dr Mauchamp après le pillage, — —	80
Marrakech : le quartier de la Zaouïa — —	96
— la Koutoubia — —	112
Chaise à accoucher..................................	116
Tatouage contre la Taba............................	142
Les murs de Mazagan Vis-à-vis la page	176
Le camp à Dar Bou ali Drin : tribu des Oulad Frej. — —	192
Alphabet employé pour écrire les amulettes................	208
Cachet de Salomon	218
Amulette pour empêcher d'uriner....................	270
Un Tazrout	307

DIJON, IMPRIMERIE DARANTIERE

www.ingramcontent.com/pod-product-compliance
Lightning Source LLC
Chambersburg PA
CBHW060330170426
43202CB00014B/2727